Carlo Fruttero & Franco Lucentini
Der Palio der toten Reiter

SERIE PIPER
Band 1029

Zu diesem Buch

Merkwürdige und geheimnisvolle Begebenheiten erlebt das Mailänder Durchschnittsehepaar Maggioni in Siena, dem Schauplatz des alljährlich stattfindenden Palio. Dieses weit ins Mittelalter zurückreichende Ritual, an dem sich 17 Stadtviertel, in Siena »Contraden« genannt, beteiligen, ist nicht nur ein farbenprächtiges Volksfest, sondern auch Austragungsort uralter Fehden. Das Ehepaar weiß vom Palio nur, was im Reiseführer zu lesen ist, nichts von den »toten« Contraden, die ihre Pferde und Reiter auf den Platz schicken, nichts von Korruption und Bestechung, die ebenso wie der Zufall den Sieg entscheiden.

Der gräfliche Besitzer des Anwesens, in das sie aufgrund eines Hagelschauers Zuflucht nehmen und in dem bald darauf auch ein Mord geschieht, versucht ihnen zwar die Geheimnisse zu erklären, doch je mehr sie erfahren, desto verworrener erscheint das Ganze, desto undurchdringlicher wird das Rätsel des Palio.

»Welches Geheimnis aber soll entschleiert, welches Gesicht entlarvt werden?... Ziel der spannenden, witzigen und keine Direktheiten scheuenden Attacke ist die Demaskierung des durch Fernsehen und Werbung geprägten modernen Durchschnittsmenschen.« NZZ

Carlo Fruttero, geboren 1926 in Turin, arbeitet als Lektor, Journalist und Übersetzer (u. a. von Beckett).
Franco Lucentini, geboren 1920 in Rom, ist ebenfalls als Lektor, Journalist und Übersetzer (u. a. von Robbe-Grillet) tätig und lebt wie Carlo Fruttero in Turin.

Berühmt geworden sind die beiden Autoren vor allem durch ihre gemeinsam verfaßten Kriminalromane. Im Piper Verlag liegen neben dem »Palio der toten Reiter« (1986) die Romane »Die Sonntagsfrau« (1974), »Wie weit ist die Nacht« (1981) und »Der Liebhaber ohne festen Wohnsitz« (1988) vor.

Carlo Fruttero & Franco Lucentini

Der Palio der toten Reiter

Roman

Aus dem Italienischen von
Burkhart Kroeber

Piper
München Zürich

Die Originalausgabe erschien 1983 unter dem Titel
»Il palio delle contrade morte«
bei Arnoldo Mondadori Editore, Mailand

Von Fruttero & Lucentini liegen außerdem vor:
Serie Piper
Du bist so blaß (694)
Der Liebhaber ohne festen Wohnsitz (1173)
Serie Piper Spannung
Die Sonntagsfrau (5501)
Wie weit ist die Nacht (5565)

ISBN 3-492-11029-0
Neuausgabe Mai 1989
7. Auflage, 51.–66. Tausend Juni 1991
(4. Auflage, 36.–51. Tausend dieser Ausgabe)

Umschlag: Federico Luci,
unter Verwendung eines Ausschnitts aus dem Gemälde
»Geschichte des Nastagio« (III)
von Sandro Botticelli
Satz: Utesch Satztechnik GmbH, Hamburg
Druck und Bindung: Clausen & Bosse, Leck
Printed in Germany

Inhalt

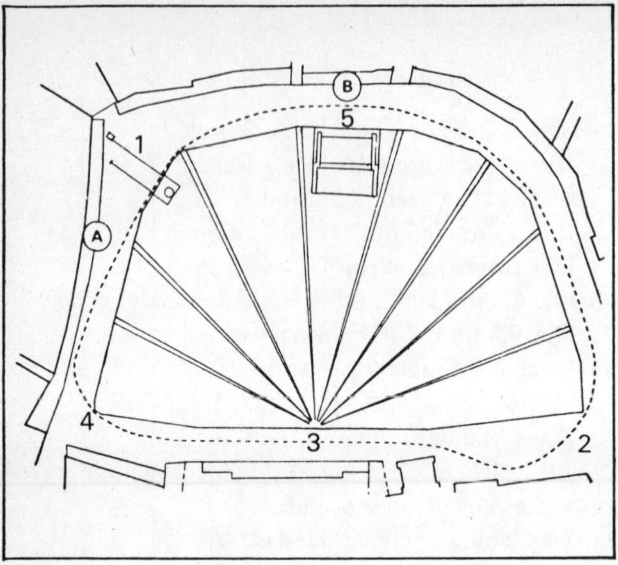

Plan der Piazza del Campo in Siena, wo der Palio stattfindet. Das Rennen verläuft im Uhrzeigersinn, die gepunktete Linie bezeichnet den optimalen Kurs der Pferde.

1: Start
2: San-Martino-Kurve
3: Palazzo Pubblico, rechts die Torre del Mangia
4: Casato-Kurve
5: Fonte Gaia

Die beiden Kreise zeigen die Positionen

A: des Anwalts Maggioni
B: seiner Frau Valeria

I

Schon länger als eine halbe Stunde sieht jetzt der Anwalt Maggioni aus diesem Fenster, und immer noch zieht unter ihm unendlich langsam der Zug vorbei, der den traditionellen »Palio« von Siena eröffnet.

Das abgerundete Polygon der Piazza del Campo prangt in allen nur irgend erdenklichen Farben, von den grellsten der Fahnen bis zu den blassen Ockertönen der Mauern, dazwischen die schwindelerregende Buntheit der Menge, die auf dem Platz zusammengedrängt im Rund der Sandbahn, wo das Rennen stattfinden wird, oder ringsum aus den Fenstern gelehnt wie der Anwalt, auf Balkonen, Tribünen und Mauervorsprüngen, ja selbst noch aus Dachluken und von Zinnen herab das prächtige Schauspiel bewundert: den Historischen Zug, der gemessenen Schrittes vorrückt, verharrt und sich erneut in Bewegung setzt zu den Klängen eines endlos wiederholten Marsches.

An den mittelalterlichen Kostümen der »Contraden«, wie hier in Siena die Stadtteile heißen, entdeckt der Anwalt immer neue Nuancen und überraschende Kombinationen von Himmel- und Taubenblau, Purpur, Gold, Zart- und Tiefgrün, Gelb, Schwarz und Weiß, die bald im Sonnenlicht, bald im Schatten unaufhörlich changieren. Es entgeht ihm auch nicht das Schillern der Samt- und Seidengewänder unter

Brokatumhängen, das matte Glänzen der Stiefel, Geschirre, Gürtel und Lederwämse, das Funkeln der Sporen, Brustpanzer, Helme und Hellebarden.

Phantastisches Schauspiel. Faszinierender Anblick.

Doch der Anwalt ist hier nicht zum Bewundern. Er ist hier, sagen wir's ruhig, nicht zum Vergnügen. Sein Blick geht wachsam über die Szene, spähend.

Bis vor zwei Tagen wußte er über den Palio so gut wie nichts, er hatte noch nie im Leben einen gesehen. Er war vielleicht dreimal im Leben nach Siena gekommen, aber nie um den 16. August herum (oder den 2. Juli). Der Palio war für ihn lediglich eine der vielen Folkloreveranstaltungen gewesen, die es in etlichen italienischen Städten gibt, 10% mehr oder minder verwaschene Tradition und 90% Tourismus; nie hätte er sich träumen lassen, daß er und seine Frau Valeria jemals so tief da hineingezogen werden könnten. Wie tief genau und wodurch eigentlich, ist ihm auch jetzt noch nicht klar. Aber er hat Anhaltspunkte, starke Verdachtsmomente.

Unter seinem Fenster ist jetzt die Contrade des Adlers zum Stehen gekommen. Die Trommeln wirbeln, die goldgelben Banner mit dem schwarzem Doppelkopfadler fliegen hoch, verharren einen Moment in der Luft, drehen sich dann um die eigene Achse und fallen zurück in die Hände der Bannerträger. Applaus brandet auf, während weiter entfernt längs der Sandbahn andere Hände die Flüge anderer bunter Fahnen beklatschen.

Die alte amerikanische Lady rechts neben ihm

reicht ihm lächelnd ihr kleines Fernglas. Das erste Mal hatte er sie darum gebeten, seitdem streckt sie es ihm alle paar Minuten ungebeten hin.

Der Anwalt nimmt den Arm von den Schultern der blonden Ginevra, die sich links neben ihm aus dem Fenster lehnt und ihr langes Haar zum Platz hinabfallen läßt, als wollte sie einen Liebhaber daran heraufklettern lassen. Er späht durch das Glas.

Sofort hat er seine Frau im Visier, die drüben auf dem Balkon des »Circolo degli Uniti« steht. Sie beklatscht gerade hingerissen das Fahnenwerfen der blauweiß gekleideten Wellen-Contrade. In kaum drei Tagen, genauer in zweien, hat sie die Welle zu »ihrer« Contrade gemacht. Mit einer hemmungslosen, verrückten Begeisterung, einer geradezu körperlich-leidenschaftlichen Hingabe, über die er anfangs natürlich ganz schön perplex und verärgert war. Man stelle sich vor, eine Frau wie Valeria, ausgeglichen, ein Muster an häuslicher Reserviertheit, entflammt auf einmal für eine Sache, die sie nicht mal von weitem betrifft und von der sie absolut keine Ahnung hat! Ja, ist denn das noch normal?

Arme Valeria, jetzt dreht sie sich gerade kokett zu dem (wie sie findet) umwerfenden Adonis an ihrer Seite. Hellblaues Hemd und Seidenschal (Gucci?), edle Denkerstirn, vom Segeln gebräunt, leicht angegraute Schläfen, Adlernase, blitzende Zähne. Er heißt Guidobaldo. Er ist ein Graf. Er hat Ländereien und Schlösser hier in der Gegend.

Valeria lächelt zu ihm hinauf (der Graf ist natürlich hochgewachsen) und klappert dabei sogar mit den Wimpern (er muß ihr eingeschwatzt haben, sie hätte ganz wunderschöne Augen). Sie gurrt ein paar Worte, bestimmt wieder mit ihrer neuen kehligen Stimme, die bis vor drei Tagen niemand bei ihr gekannt hat. Er reicht ihr mit seinen langen nervigen Fingern ein Päckchen Marlboro, hält ihr die Flamme eines kleinen goldenen Feuerzeugs (Cartier?) an die Zigarette.

Perfekter Werbespot, denkt der Anwalt Maggioni. Und gerade weil die Szene so künstlich wirkt, so konstruiert, so wie im Kino, bestärkt sie ihn in Verdächtigungen und Ängsten, die mit Eifersucht nichts mehr zu tun haben (falls sie es jemals hatten). Er senkt das Fernglas ein Stückchen tiefer, und schon kommt am Rand der Sandbahn ein muskulöser Ordner ins Bild, ein Krauskopf in T-Shirt und Jeans, der sich gerade eine Flasche Pepsi in den Hals schüttet. Na bitte, denkt der Anwalt, na bitte.

Er gibt der amerikanischen Lady das Fernglas zurück, wobei er sich zu einem strahlenden Lächeln zwingt, und legt den Arm wieder um Ginevras Schultern. Ginevra richtet sich auf und reibt ihren Kopf, ihre Flanke an ihm wie ein junges Tier (ein Fohlen? ein Kitz? eine Hindin? wer weiß ...). Aus ihrem zu blonden, zu weichen Haar strömt ein undefinierbarer Duft, unbeschreiblich, aber auf Anhieb als verwirrend zu klassifizieren, jedenfalls für einen Anwalt in mittleren Jahren. Ihr Shampoo? Ihr Parfum? Oder vielleicht eine Seife, ein Deodorant?

Was es auch sein mag, jedenfalls küßt sie der Anwalt leicht auf den Nacken (war's das, was sie von ihm wollten?) und macht sich klar, daß er in diesem Moment genauso banal und albern ist wie drüben

Valeria mit ihrem Grafen. Genauso unwahrscheinlich.

Die Trompeter- und Trommlerkapelle unter der Torre del Mangia nimmt ihren monotonen Marsch wieder auf, die Adler-Contrade entfernt sich in rhythmischen Schritten, zuerst die Bannerträger mit dem Tambour, dann der Anführer und die Bewaffneten, dann der Erste Page mit der Standarte, die anderen Pagen, der Jockey im großen Ornat auf einem Paradepferd, das von einem Reitknecht am Zügel geführt wird, und schließlich der »Berber«, wie hier das Rennpferd genannt wird, während sich mit derselben entschiedenen Langsamkeit und in derselben Reihenfolge die Contrade des Stachelschweins nähert, weiß mit roten, schwarzen und blauen Arabesken...

Überall leuchtende, triumphierende Farben, wohin der Anwalt auch blickt. Doch er kann diese herrliche Pracht, diese ganze phantastische Szenerie nicht mehr einfach so nehmen, wie sie ist oder wie sie erscheint. Er ist auf der Hut. Er mißtraut dem Schein. Er erwartet ein Zeichen, ein klares Indiz, das ihn endlich begreifen läßt, was da geschehen ist und geschieht.

Bis vor drei Tagen hatte der Anwalt Maggioni noch keine solchen Probleme. Sein Leben ergäbe, wenn es auf der Piazza del Campo vorbeiziehen würde, einen hoffnungslos grauen, farblosen Zug. Sehen wir's uns einmal an: Schule und Studium, ein paar Mädchen, eine Frau (hübsch, aber nichts besonderes), zwei Söhne (auf Campingfahrt irgendwo unterwegs), eine Karriere ohne Überraschungen in der Rechtsabteilung einer Versicherungsanstalt. Dazu: eine »Liaison«

mit einer Kollegin, nach sechs Monaten vorbei, ein Appartement in den Bergen, das Hobby der Briefmarkensammlung, ein paar organisierte Reisen (nach New York, Kalifornien, Ägypten) und sonntags ab und zu ein paar gastronomische Experimente für die Freunde. Nicht viel zum Prunken, alles in allem.

Aber es war ihm immer ganz recht so gewesen, er hatte nie mehr verlangt, er hatte sich nie darüber beklagt, daß er zum Beispiel kein großer Staranwalt war oder ein großer Finanzmann oder ein großer Künstler, er hatte nie die Prominenten aus Sport, Politik und Showbusiness beneidet, deren Fotos die Magazine füllten, die seine Frau jede Woche mit religiöser Inbrunst verschlang. Ihre Ehe war immer recht unkompliziert gewesen, es hatte nie große Probleme gegeben, höchstens die Sorte Krisen und Kollisionen, die in jedem x-beliebigen Konversationshandbuch stehen (von »Das einzige, was ich an dir nicht leiden kann, ist dein Gejammer« bis »Du bist und bleibst eben ein geborener Egoist wie alle Männer«); und was die fleischlichen Höhenflüge betraf, so fanden sie sich immer irgendwie eingezwängt zwischen Sätzen wie: »Bitte, laß uns leise machen, die Signora Zoli ist wieder da« und »So, wenn du jetzt mal den Arm da wegnimmst, rufe ich diesen verdammten Klempner an.«

Ein bescheidenes Leben, man kann es auch ein banales nennen. Jedenfalls kommt es ihm jetzt so vor, während er es sozusagen aus diesem Fenster betrachtet. Aber im Grunde war er sich längst darüber im klaren, und es hatte ihn nie gestört. Er las die Statistiken über das Rauchen, die Grippe, den Konsum von

Geflügel und Eiern und fand sich befriedigt in den Prozentsätzen wieder: Da bin ich, in diesen 40%, die wenig Zucker in den Kaffee tun, in diesen 59%, die im August Urlaub machen.

Vor drei Tagen um diese Zeit (am 13. August d.J.) waren die Maggionis in einem Mittelklassewagen, den 18% der italienischen Autobesitzer fahren, unterwegs von Mailand zu einem Bauernhof zwischen Arezzo und Siena, auf den sich Valerias Bruder Paolino seit ein paar Jahren zurückgezogen hatte, um dort »ein anderes Leben« zu führen, zusammen mit ein paar Freunden: lauter Ex-Managern, Ex-Bankkaufleuten, Ex-Werbefritzen und Ex-sonstwas, die es in der chaotischen und verpesteten Großstadt nicht mehr aushielten und jetzt Frühgemüse, Obst und Oliven anbauten und zu saftigen Preisen Konserven und Wein verkauften; lauter prächtige Leute, die aber der Anwalt nicht so ganz ernst nehmen konnte.

»Also *ich* bewundere sie«, sagte Valeria, als sie von der Autobahn abbogen. »Sie haben den Mut gehabt, einen klaren Schnitt zu machen. Und außerdem ist es ein gutes Geschäft.«

»Möglich, aber mir kommt das Ganze immer noch wie ein Spiel vor.«

»Schönes Spiel! Sieh dir mal ihre schwieligen Hände an!«

»Also ich weiß nicht, diese ganze Geschichte mit dem Zurück zur Natur und den Früchten der Erde und so, das hat mich nie überzeugt.«

»Ach, du warst doch bloß sicher, daß sie alle nach einem halben Jahr mit Rückenschmerzen zurückkommen würden, und jetzt ärgerst du dich, daß sie's geschafft haben. Auch ökonomisch.«

»Ich würde gern mal ihre Bilanzen sehen. Ich fürchte, die kommen bestenfalls grad so auf ihre Kosten.«

»Und wenn? Auf jeden Fall leben sie gesünder. Und irgendwie ... *authentischer.*«

Nach einer Woche authentischen Lebens auf dem Bauernhof, als sie die anderen Male dort gewesen waren, hatte Valeria immer öfter den versonnenen Blick von Leuten bekommen, die insgeheim an die Schaufensterauslagen des Corso Vittorio Emanuele an einem schönen Herbstabend denken. Was sie indessen nicht daran hinderte, mit Eifer den »klaren Schnitt« zu verteidigen, den Paolino & Co. vorgenommen hatten, ihre exemplarische Hingabe an Tomaten, Kaninchen und Fliegen.

»Ihr Leben ist echter«, konstatierte sie mit Entschiedenheit.

Begleitet von kurzen Wiederaufnahmen der Diskussion und längeren Schweigepausen (es fehlt ein Konversationshandbuch für Ehepaare im Auto) fuhr der Anwalt weiter dem Bauernhof »Le Rombaie« entgegen, nicht sehr schnell und ohne besondere Vorahnungen.

Später hat ihm Valeria dann vorgehalten, er hätte ja ruhig auch etwas schneller fahren können, die Straße war gut und der Verkehr nicht besonders schlimm. Ja schon, aber *wer* hatte denn die Abfahrt in Mailand um zwei Stunden verzögert mit ständigen »letzten« Vorbereitungen? (»Willst du den blauen Pullover mitnehmen?«, »Wo steckt denn bloß wieder der portugiesische Schal?«) Und außerdem, wenn die Schlange an der Mautstelle von Melegnano nicht so endlos gewesen wäre ..., wenn wir in Parma nicht zum Essen gehalten hätten ..., wenn ...

In Wahrheit, denkt der Anwalt Maggioni, hat seine Frau (wie alle Frauen) bloß Schwierigkeiten mit der Idee des Schicksals (oder des Zufalls, um ein weniger eindrucksvolles Wort zu gebrauchen). Sie muß die Verkettung der Ereignisse immer eins nach dem anderen zurückverfolgen, um dasjenige zu finden, das ihrer Meinung nach das entscheidende war, das alles ausgelöst hat: Sie muß immer einen Schuldigen finden. Auch wenn gar nichts mehr zu machen ist, bleibt ihr noch der Trost (ein schwacher Trost, denkt der Anwalt, ein vergeblicher) zu glauben, man hätte noch irgendwie eingreifen können, handeln, ausweichen oder Vorsorge treffen. Und darum findet sie es überhaupt nicht unlogisch, unter die möglichen Schuldigen auch den 13. zu plazieren, einen notorischen Unglückstag für Reisende.

Jede »Rekonstruktion des Geschehens«, auch wenn bloß ein Glas zerbrochen ist, müßte strenggenommen das ganze Labyrinth der Vergangenheit rückwärts durchlaufen und alle Biegungen, Kreuzungen, Weggabelungen berücksichtigen, die ganze unvorstellbare Vielzahl der kleinen und großen Ereignisse, die schließlich bis zu Adam und Eva zurückführen.

Um auf dem Boden der Tatsachen zu bleiben, überlegt der Anwalt, ist der vernünftigste Ausgangspunkt in unserem Falle der Hagel. Sicher, ein Stündchen früher, ein Stündchen später wären sie um ihn herumgekommen. Sagen wir, das Schicksal (oder das Los, wie es in Siena genannt wird) hat es anders gewollt. Und rekonstruieren wir die Begegnung dieses von der Fahrt in der Hitze etwas erschöpften Durchschnittspaares mit einer sommerlichen Gewitterwand, die sich am 13. August gegen Abend über den Hügeln zwischen Arezzo und Siena gebildet hatte.

2

Beim Betrachten des Historischen Zuges auf der Piazza del Campo, seines feierlichen und zugleich pedantischen Schreitens, in dem jede Bewegung, jede Geste einem jahrhundertealten Zeremoniell entspricht, ist das letzte, woran man denken würde, der Zufall. In diesem Aufmarsch gibt es nichts, was nicht sorgfältig einstudiert, programmiert, kalkuliert und geregelt wäre, und noch die Stadt selbst, die so kompakt und fugenlos wirkt, so eingemauert in ihrer mittelalterlichen Strenge, scheint die Launen und Unverantwortlichkeiten des Zufalls auszuschließen. Das einzige, was im Rennen des Palio dem Los überlassen bleibt, scheint das Rennen selbst zu sein.

Aber so ist es nicht. Das Los reguliert den Palio, es ist eine seiner festgeschriebenen Hauptpersonen, lange bevor das Rennen beginnt. Der karmesinrote Tambour der Turm-Contrade, der in diesem Moment gerade unter dem Fenster des Anwalts die Trommel rührt, und die Bannerträger der Wölfin, die ihre schwarzweißen Seidenbanner fünfzig Meter weiter vorn schwenken, defilieren aufgrund einer Losentscheidung in dieser Reihenfolge, und eine andere Losentscheidung wird bestimmen, in welcher Reihenfolge die Pferde an den Start gehen werden.

Und der »Berber« der Giraffe, der dort drüben unter Valerias Balkon so nervös mit den Hufen im Sand scharrt, daß ihn sein »Barbaresco« kaum halten kann, gehört keineswegs der Contrade, er ist nicht vom Kapitän und vom Prior der Giraffe ausgewählt und gekauft worden. Keins der Pferde gehört den Contraden. Vor jedem Palio examiniert eine eigens zu diesem Zweck gebildete Kommission zwanzig Halbblüter, wählt zehn davon aus und weist sie per Los den Contraden zu, die am Rennen teilnehmen werden. So wird vermieden, daß sich die reichsten Contraden immer die besten Rennpferde sichern (aber es kann auch vorkommen, daß ein und dieselbe Contrade dreimal hintereinander denselben müden Klepper erhält).

Valeria, das weiße Pünktchen drüben auf dem Balkon, findet sich im Labyrinth der Mechanismen und Möglichkeiten des Palio nicht zurecht. Gestern (nein, vorgestern), als Guidobaldo sich locker über diese Mechanismen erging, war sie ganz Ohr: schmale Lippen, große Zustimmungsgesten, eine Flut von Aha, Soso, Na so was, Nein wirklich, Verstehe... Aber sie verstand nichts, der Anwalt kennt seine Frau. Statt dessen war *er* es gewesen, erinnert er sich, der mit seinen Einwürfen ein paar nützliche Klärungen provoziert hatte.

Für ein Konversationshandbuch über den Palio

Guidobaldo: »Siena hat siebzehn Contraden, aber nur zehn davon beteiligen sich am Palio.«

Valeria: »Ach wirklich? Und wieso?«

Guidobaldo: »Die Rennbahn um den Platz ist eng, unregelmäßig, voller Auf und Ab und gefährlicher Kurven (lange Fußnote über die mörderische San-

Martino-Kurve). Was meinen Sie, was passieren würde, wenn da siebzehn Pferde gleichzeitig losgaloppierten? Sie würden nicht mal zwanzig Meter weit kommen, ohne zu stürzen.«

Valeria (sich die Hände vor die Augen schlagend): »Die armen Tiere!«

Guidobaldo: »Deswegen machen bei jedem Palio nur zehn Contraden mit, und die sieben anderen haben das Recht, im nächsten Jahr mitzumachen, und so weiter.«

Anwalt: »Und die übrigen drei, die bis zehn noch fehlen?«

Guidobaldo: »Die werden aus den zehn Teilnehmern des letzten Jahres ausgelost.«

Anwalt (nach einer schnellen Überschlagsrechnung): »Aber dann kann es doch vorkommen, daß drei Contraden regelmäßig jedes Jahr teilnehmen und vier nur jedes dritte Jahr mitmachen dürfen.«

Guidobaldo: »Sicher, aber was wollen Sie machen? Das ist das Los.«

Valeria: »Unglaublich!«

Guidobaldo: »Und damit nicht genug. Bedenken Sie, meine Liebe, dieses ganze Wechselspiel von Wahrscheinlich- und Möglichkeiten wird noch bereichert, kompli- und multipliziert durch den Umstand, daß der Palio zweimal im Jahr stattfindet, am 2. Juli und am 16. August, doch ohne daß diese beiden so nahen Daten als zusammengehörig, als konsekutiv oder auch nur vergleichbar betrachtet würden.«

Valeria: »Oh!«

Guidobaldo: »Juli geht mit Juli, August mit August, sagt man hier. In der Praxis sind es zwei ganz und gar unabhängige Reihen, chronologisch und psychologisch. Wer seine Contrade im Juli um Haaresbreite (oder wenn Sie so wollen: um Losesbreite) hat verlieren sehen, hofft nicht auf Revanche in wenigen Wochen (wenn das Los entscheidet, daß seine Contrade auch im August mitläuft), sondern im Juli des nächsten Jahres oder des übernächsten, je nach dem Ausgang der künftigen Losentscheidungen.«

Anwalt: »Also eine Art doppelte Buchführung.«

Guidobaldo: »Und eine doppelte Leidenschaft. Die Ängste, die Hoffnungen, die Erregungen und die Enttäuschungen sind beide Male die gleichen, aber sie laufen völlig getrennt voneinander nebeneinander her, auf zwei verschiedenen Schienen. Habe ich mich verständlich zu machen verstanden?«

Valeria (die Hände zusammenschlagend): »Und wie! Das ist wirklich phantastisch!«

So ist also das Los in Siena. Nicht so erhaben wie das Fatum, nicht so erschreckend wie das Schicksal, eleganter als der Zufall und seriöser als das Glück, hat es hier ein familiäres Maß gefunden, alle sprechen von ihm mit einer liebevollen Ergebenheit wie von einem etwas wunderlichen Verwandten, den man notgedrungen bei sich zu Hause hat. Es ist gleichsam die achtzehnte Contrade, das elfte Pferd, das beim Rennen unsichtbar mitläuft.

Alle Farben waren aus der Landschaft gewichen, aber der Anwalt hatte nicht darauf geachtet, er dachte nur vage, es habe schon angefangen zu dämmern. Sonst gab es keine Vorwarnungen. Der Übergang kam abrupt und krachend, als hätte der Wagen einen straff über die Straße gespannten Vorhang durchstoßen. Der trockene graue Asphalt hörte plötzlich auf, und die Räder schlitterten über eine schon ziemlich dicke Schicht von zusammengeklumpten Hagelkörnern.

Leise fluchend (aber im Rückblick sieht er jetzt, wie gut die X-100-Reifen bei Glatteis sind) hatte der Anwalt gebremst und den Wagen abgefangen, während seine Hand im Dunkeln nach dem Scheibenwischerknopf tastete. Valeria, die neben ihm eingedöst war, fuhr erschrocken hoch und spähte hinaus.

»Was ist los?«

»Hagel.«

Ein Blitz zuckte blendend über den Himmel und zeichnete auf die Wolken ein riesiges rissiges Spinnennetz. Im Krachen des Donners, der darauf folgte, klang Valerias Stimme dünn wie aus weiter Ferne:

»Halt an! Halt an!«

Der Anwalt schaltete Fernlicht ein und blinkte nach rechts. Der Wagen glitt langsam von der Straße und kam schwer neben einem Graben zum Stehen, knapp über einem schmalen Rechteck aus gelbem Schlamm.

»Wo sind wir?«

»Knapp zwanzig Kilometer vor Siena.«

»So ein Mist, wir waren fast da.«

Das trockene, scharfe Prasseln des Hagels ließ an die Reaktion eines aufgescheuchten Insektenschwarms denken, an Millionen wütend beißender Kiefer. Man sah nicht weiter als einen Meter, außer im zuckenden Licht der Blitze. Die Hagelkörner trommelten hart und dicht auf die Motorhaube, auf die Frontscheibe, auf das Dach, und zugleich mit ihrem aggressiven Getöse verbreiteten sie ihre Kälte im klammen Innern des Wagens. Die beiden saßen einen langen Augenblick stumm in der reglosen Intimität von Schiffbrüchigen, ausgesetzt auf einer Terra incognita, abgeschnitten von allem, ohnmächtig.

Dann schlug in nächster Nähe ein Blitz ein, gefolgt vom Krachen splitternden Holzes, als ob das Himmelsgebälk ins Wanken geriete.

Für ein Konversationshandbuch bei Sommergewittern

»Also ich habe Angst. Es kommt mir immer so vor, als ob sie's auf mich abgesehen hätten.«

»Die Blitze? Bilde dir doch nichts ein.«

»Und wenn einer in den Wagen einschlägt? Das Metall zieht sie doch an, oder?«

»Wir sind durch die Reifen isoliert.«

»Sieh mal, der Graben da, wie das steigt! Wir werden doch wohl nicht weggeschwemmt?«

»Ich bitte dich! Komm, laß uns eine Zigarette rauchen.«

»Ich mag jetzt nicht. Ich habe Angst. Und mir ist kalt.«

»Soll ich die Heizung anmachen?«

»Mitten im August! Und wenn man bedenkt, in Mailand waren es 36 Grad!«

Allmählich wurde es draußen heller, ein winziges Stückchen Welt begann wieder rings um den Wagen Gestalt anzunehmen. Zwischen den etwas dünner werdenden Hagelströmen wurde ein Häufchen Kies erkennbar, eine zerdrückte Konservendose, ein Ginsterstrauch. Ein heftiger Windstoß fegte von Westen heran und gab den Blick auf ein Streifchen Feld mit verbrannten Stoppeln frei, auf einen zerborstenen Nußbaum. Auf der Straße, kaum eine Handbreit neben ihnen, dröhnte die hohe dunkle Silhouette eines Lastzugs vorbei.

»Wenn die fahren können, können wir's auch. Fahr weiter, ich will hier nicht länger bleiben!«

»Das ist gefährlich, die Sicht ist um 75% verringert.«

»Fahr weiter, bitte! Hierbleiben ist noch gefährlicher, wir können jeden Augenblick weggeschwemmt werden.«

Das Auffallende an dieser Rekonstruktion, überlegt der Anwalt, ist seine Nachgiebigkeit (oder Feigheit) als Ehemann. Er hätte standhaft bleiben, sich umsichtiger und klüger verhalten können. Statt dessen war er, obwohl überhaupt nicht angesteckt von der Angst seiner Frau, auf ihren Wunsch eingegangen und weitergefahren.

Und es war, als wären sie in eine Bildstörung, in einen wildgewordenen Fernseher eingedrungen, als bahnten sie sich einen Weg (genau das war sein Eindruck gewesen, jetzt erinnert er sich) mitten durch einen elektronischen Wirbelsturm.

3

Siena hat siebzehn Contraden, und selbst Eingeborenen fällt es schwer, sie alle der Reihe nach aufzuzählen. Sechs bis sieben kriegt jeder zusammen: Gans, Welle, Raupe, Giraffe, Wölfin, Stachelschwein, Muschel... Aber dann beginnt man sich zu verheddern: Einhorn, Adler, Panther, Giraffe... nein, die Giraffe hatten wir schon... Widder, Drache, Eule, Raupe... hatten wir die Raupe schon?... ach ja, Schildkröte, Stachelschwein...

Und *Selva*, die Wald- (oder Urwald- oder auch Urviech-)Contrade, die jetzt gerade unter dem Fenster erscheint.

Die schöne Hindin (oder Gazelle) an der Seite des Anwalts hat das linke Handgelenk eingegipst (Reitunfall) und klatscht daher nicht in die Hände, um ihrer Contrade, eben der Selva, zu applaudieren. Aber sie streift sich das grünorangene Halstuch mit dem Symbol des Nashorns ab und schwenkt es ein paarmal lässig.

Ginevra ist zwanzig und lebt in Florenz, wo sie anscheinend irgendwas studiert. Doch sie ist hier in Siena geboren, in der Contrade der Selva, und bei der Geburt ist ihr feierlich dieses seidene Tuch geschenkt worden, als ewiges Unterpfand ihrer Zugehörigkeit und Treue zur Contrade.

»Mal angenommen, das Los hätte dich aus irgendeinem Grund außerhalb von Siena zur Welt kommen lassen: Was macht man in solchen Fällen?«

»Ich weiß nicht.«

»Oder du wärst im Taxi geboren, als deine Mutter gerade unterwegs in die Klinik war. Gilt dann die Contrade der Mutter, des Vaters, der Stelle, wo das Taxi gerade war, oder womöglich des Taxifahrers?«

»Ich weiß nicht.«

»Und was ist mit den Contraden, in denen die Kliniken und die Entbindungsheime liegen? Sie müßten doch mehr Bewohner als die anderen haben, oder? Und auf die Dauer sogar allein übrigbleiben.«

»Ich weiß nicht, ich kann mich nicht mehr erinnern, da müßtest du Guidobaldo fragen oder meine Großmutter, die ist *Capitana* der Muschel gewesen. Sie sind es, die all diese Feinheiten wissen, ich habe in Wirklichkeit längst total das Interesse verloren.«

In Wirklichkeit stimmt das nicht, denkt der Anwalt. Auch sie hat über Jahre und Jahre vom Palio sprechen gehört, hat Leidenschaften und Feinheiten schon mit der Muttermilch aufgesogen. Entweder zeigt sie also die typische Gleichgültigkeit ihres Alters für diese »überholten Dinge«, eine polemische Abwehr der Pflicht, »stets die Contrade im Herzen zu tragen«, wie es die lokale Rhetorik verlangt; oder sie tut nur so, um eine exzessive Anhänglichkeit zu verbergen, einen krankhaften, desperaten, gefährlichen Fanatismus.

Ist sie ein gefährliches Mädchen, diese Gazelle, diese geschmeidige Katze, die auch an eine Madonna erinnert, an eine Fee, einen Engel? Der Anwalt Maggioni fragt sich das seit zwei Tagen. Er fragt sich, ob ihn das Nashorn am Ende zerstampfen oder aufspießen wird. Und langsam beginnt auch er schon inmitten all dieser Symbole, die Dinge von einer heraldischen Warte zu sehen. Welches Tier wäre passend für seine Standarte? Die Fliege im Spinnennetz? Der Fisch an der Angel? Der Nachtfalter dicht vor der Flamme? Dieses Mädchen führt dich an der Nase herum, hatte Valeria heute morgen gesagt, während sie sich (viel zu stark) für ihren Guidobaldo parfümierte. Als ob sie nicht selber ...

Er fixiert angestrengt das weiße Pünktchen, das seine Frau auf dem fernen rotdrapierten Balkon drüben ist, und stellt sich vor, wie ihre Lippen stumm die Contraden aufzuzählen versuchen, die sie am liebsten im Tempo eines Maschinengewehrs hervorsprudeln würde:

»Adler, Wölfin, Turm, Muschel, Giraffe, Schildkröte ... Drache ... Selva ... Turm ... nein, den Turm hatte ich schon.«

»Paß auf!«

»Aber ich habe ihn doch gesehen!«

Der schwere Lastzug kroch schwankend vor ihnen her, die Rücklichter waren kaum zu erkennen; die Doppelreifen sprühten nach beiden Seiten scharfe, sichelförmige Wasserfontänen.

Der Anwalt folgte in sicherem Abstand, er hatte durchaus nicht vor, unter diesen Umständen ein Überholmanöver zu riskieren. Rechts mühten sich rotbraune Hügel, aus dem Nichts aufzutauchen, ließen hier ein Stück niederen Buschwald erkennen, da einen Fetzen Olivenhain, dort fünf oder sechs wie angenagelt am Boden hockende Krähen: schwarzglänzende reglose Totenvögel.

Ein Brückengeländer tauchte auf und verschwand wieder im Gewirbel.

»He, war das nicht die richtige?« rief Valeria und fuhr herum.

Kurz vor der Abzweigung zu dem Bauernhof gab es tatsächlich so eine Brücke, aber sie kam nach einem kleinen Buckel, und Buckel hatte der Anwalt keine gesehen (im übrigen findet er, daß diese primitiven Orientierungspunkte – die kleine Brücke, das Sonnenblumenfeld zur Rechten, der alte Brunnen zur Linken usw., auf die Paolino & Co. so stolz sind und die zu dem »klaren Schnitt« gehören, mit dem sie sich von der Zivilisation getrennt haben – nur Verwirrung stiften).

Konversation über den klaren Schnitt

»Ich verstehe nicht, warum sie kein Schild anbringen oder wenigstens einen Pfeil. Woher wissen die Leute, daß es hier Öl undsoweiter zu kaufen gibt?«

»Laufkundschaft interessiert sie nicht mehr, im Gegenteil, sie arbeiten nur noch für Kenner, ausgewählte Kunden, sie haben ein ganzes Verkaufsnetz aufgezogen, das...«

»...das Fiat und IBM erblassen läßt.«

»Genau. Manche kommen aus Zürich oder aus Frankfurt, um ihr Öl und ihre Zwiebeln zu kaufen. Und ihre Marmeladen...«

»In meinen Augen sind Leute, die für Marmelade bis zu 300% über dem bezahlen, was normalerweise...«

»Aber ihre ist eine ganz besondere, hergestellt nach

einem Rezept von 1912, das Graziellas Großmutter ...«

In einer Rekonstruktion kann alles Bedeutung haben. Also muß auch erwähnt werden, daß an diesem Punkt ein dröhnendes dunkles Etwas aus Richtung Siena auftauchte und sich für ein paar Sekunden als ein großes Motorrad erwies, hochbeladen mit Koffern und Taschen, auf dem Fahrersitz eine regen- und lederschwarze Gestalt, umklammert von einer zweiten dahinter.

Der Anwalt würde die beiden sicher nie wiedersehen, aber er verlor sich in Gedanken von der Art »die sind ja total verrückt, diese Typen, mein Gott, auf *zwei* Rädern, was für eine Idee« undsoweiter. Bis ihn Valeria mit einem Schrei unterbrach: Da, da war das niedrige Mäuerchen einer Brücke und gleich danach die Einfahrt in eine schmale Allee zwischen Bäumen, die einen Hang hinaufführte und sich in der Höhe verlor.

»Das ist sie! Wir sind da!«

»Aber wo war der Buckel?«

»Du hast nicht aufgepaßt. Ich sage dir, das ist die Allee! Los, fahr rein!«

Sie konnte es gar nicht erwarten, sich zwischen die Marmeladen und Fliegen von 1912 zu flüchten, es sich gemütlich zu machen vor einem flackernden Kamin, in der Hand ein Gläschen Grappa zu DM 60, SF 55, $ 30 die Flasche.

Das war der entscheidende Moment in dieser durch das Sommergewitter modifizierten Ereignisabfolge. Der Hagel hatte zwar nachgelassen, aber er war jetzt durch einen fast genauso harten und heftigen Regen ersetzt worden, der die Einzelheiten verschwimmen ließ wie auf einem Druck von einer längst abgenutzten Platte. Aber weil seine Frau so sicher war und ihn so drängte, weil er selbst endlich rauswollte aus dieser Sintflut und weil das Los eben nun mal das Los ist, bog der Anwalt nach kurzem Zögern in die Einfahrt zwischen den beiden Ziegelpfeilern. Es gab kein Tor.

Der Himmel strahlt weiter in seiner geradezu unwahrscheinlichen Bläue. Die Glocke der Torre del Mangia läßt weiter ihr feierliches Geläut erklingen.

Die Blaskapelle vor dem Palazzo Comunale schrillt weiter blechern.

Aus der Via del Casato, einer schwarzen Wunde in der tonbraunen Häuserflanke, quillt weiter der Historische Zug, Contrade um Contrade.

Acht Contraden sind jetzt auf dem Platz, zählt der Anwalt. Die erste (inzwischen zur San-Martino-Kurve gelangt) ist die Welle, gefolgt von der Giraffe; dann folgen der Adler, das Stachelschwein, die Wölfin (im Augenblick gerade beim Fahnenwerfen vor dem Circolo degli Uniti), dann der Turm und dahinter die Selva (noch unter seinem Fenster, also etwa zwanzig Meter vor der Startlinie, auch »die Seile« oder »der Abstoß« genannt), während von rechts die Muschel herannaht. Acht im ganzen. Noch zwei, und die zehn Konkurrenten sind alle versammelt. Danach kommen die sieben, die dieses Jahr nicht mitlaufen, gefolgt (aus Gründen der Tradition) von den Repräsentanten der sechs Contraden, die nicht mehr existieren. Zuletzt schließlich kommt dann, von vier Ochsen gezogen, der »Carroccio«, der Fahnenwagen mit dem eigentlichen »Palio« (auch »Großes Tuch« oder »Lappen« genannt), einem Seidenbanner an einer Hellebarde, das die siegreiche Contrade erhält.

Zahllose Regeln, aber auch zahllose Ausnahmen und Präzedenzfälle, wie der Anwalt langsam begreift. Selbst Doktor De Luca, der Staatsanwalt aus Neapel, der sich mit dem verdächtigen Todesfall in der Villa oben befaßt, sagte ihm gestern abend, er komme, obwohl er nun schon sechs Jahre in Siena lebe, noch immer nicht so ganz klar mit dem Code und der Terminologie des Palio.

»Eine richtige Fremdsprache ist das, sage ich Ihnen. Alles hat einen anderen, besonderen Namen: Die große Glocke im Turm heißt *Sunto*, die Trompeten der Kommune heißen ›Clarinen‹, der Einzug der Contraden heißt *Passeggiata* (als ob's ein Spaziergang wäre), und die einzelnen Gruppen heißen ›Komparsen‹; der Page, der die Standarte trägt, heißt *Figurino* (also Mannequin oder Statist), das Rennpferd heißt *Bàrbero* (Berber), und sein Pferdeknecht heißt *Barbaresco*; das Paradepferd, auf dem der Jockey Einzug hält, heißt *Soprallasso* (ich weiß nicht, wie ich das übersetzen soll), und jeder Jockey hat einen besonderen Spitznamen.«

Der Anwalt betrachtet die makellose Bläue über dem geometrischen Zickzack der Dächer und fragt sich, ob vielleicht auch der Himmel in Siena einen anderen Namen hat. Und ob womöglich auch er hier auf einmal anders heißt: Avvocato Lorenzo (Enzo) Maggioni, auch genannt...

Die Allee ging gerade und schlammgelb aufwärts zwischen der regelmäßigen Doppelreihe der Bäume, hohe Zypressen im Wechsel mit Schirmpinien, deren breitausladende Kronen der Wind zerzauste. Valeria sah sich schon erleichtert um, der Anwalt sah besorgt auf die Straße, die in einem schlimmen Zustand war, voller Löcher, Huckel und tiefer Furchen, die ihn zu einem abenteuerlichen Slalom zwangen. Die Steigung betrug mindestens 12%, der Schlamm floß herab wie ein Lavastrom, in dem sogar die zuverlässigen X-100-Reifen kaum Halt fanden.

»Noch nie eine schlimmere Straße gesehen.«

»Du willst eben überall Beton und Asphalt!«

»Nein, aber ein paar Fuhren Kies würden nichts schaden.«

»Eine Straße zu reparieren, das kostet!«

»Ich dachte, mit all diesen Marmeladen hätten sie...«

»Was hat das damit zu tun? Die sind hier aus Idealismus und nicht, um sich zu bereichern!«

»Aber du hast doch gesagt...«

Ein lackschwarzer Hund kam bellend herangeschossen, und Valeria begrüßte ihn mit vergeblicher Herzlichkeit, während er neben dem Wagen herlief, um die Slalomfahrt noch zu erschweren.

»Ciao, Bobo, schöner Bobo! Siehst du, er hat mich wiedererkannt.«

Der Anwalt glaubte, die Allee nicht wiederzuerkennen, er kurvte in wilden Schlangenlinien durch den immer glitschiger werdenden Schlamm, einem grauen Schleier entgegen, der sich abwechselnd zwischen zwei Pinien, zwei Zypressen, zwei Pinien und zwei Zypressen spannte, dabei jeden Moment in Gefahr, vorn oder hinten an einen Stamm zu stoßen (oder an den Hund). Aber es mußte die Konzentration auf das Fahren sein, die ihm den Weg länger vorkommen ließ als beim letzten Mal.

Schließlich bog diese sogenannte Straße nach rechts, verlor ihre Bäume, wurde flacher und weniger glitschig (blieb aber immer noch schlimm genug) und wand sich in engen Kehren den Hang hinauf. Auf halber Höhe erreichten sie eine Art ländliches Belvedere, eine Aussichtsplattform mit rohen Bänken um einen rohen Tisch: Von hier aus führte ein weiterer Schlammweg nach links in ein kleines Seitental. Der Anwalt hielt vor der Abzweigung.

»Rauf oder runter?«

»Rauf, rauf, der Hof liegt fast auf dem Gipfel.«

»Ich weiß, aber ich erinnere mich auch an ein Stückchen, das runterging, da war eine Ziegelmauer, die sich ...«

»Sieh mal, sieh mal, die Pferde da!«

Durch den Regen sah man am Hang des benachbarten Hügels schemenhaft huschende, schimmernde Silhouetten, die im Pulk dahingaloppierten, quer über eine Lichtung, die Köpfe gebeugt und plötzlich emporgeworfen, die Schwänze flatternd im Wind. Es dauerte nur einen Augenblick, und schon war das ganze wirre Rudel, als folgte es einem unsichtbaren Pfad, wieder im dichten Buschwald verschwunden.

»Ob das wilde Pferde sind?«

»Glaube ich nicht, das müssen die Pferde von Paolino sein, er hat mir angedeutet, daß sie einen Reitstall eröffnen wollten.«

»Um noch ein bißchen mehr zu verdienen? Tüchtig, tüchtig, diese Idealisten.«

»Pferde sind wunderschöne Tiere, und außerdem reiten alle in der Toskana. Es ist ein sehr verbreiteter Sport, und wenn man schon auf dem Lande lebt, kann man auch gleich ...«

»Wenn's was einbringt, na klar.«

»Also du kannst wirklich bloß immer ans Geld denken.«

»Sie sind es doch, die an nichts anderes denken. Entschuldige, aber erst Zwiebeln, dann Marmelade, dann Pferde ... Du wirst sehen, inzwischen haben sie auch schon ein nettes typisches Restaurant eröffnet.«

»Ich sehe nicht, was daran schlecht sein soll, es ist immer noch besser, als in Mailand in einem Büro zu arbeiten.«

Steck's weg und sei still, sagte sich der Anwalt.

Als sie nach weiteren zwei- bis dreihundert Metern Rumpel- und Kurvenfahrt schließlich den weiten Platz auf dem Gipfel erreichten, bemerkte er gleich das Pflaster, sah eine steinerne Balustrade, eine Reihe Zitronenbäume in Steingutvasen, und dachte für den Bruchteil einer Sekunde: Nun sieh dir das an, von wegen Restaurant, die sind schon beim Grandhotel!

Dann sah er den Bauernhof, der im Zwielicht des strömenden Regens eine von Efeu umrankte Villa geworden war, ein Schloß mit gotischen Doppelfenstern, aristokratischer Loggia, grauen Statuen, grauem Wappen an der Fassade, und langsam wurde ihm klar, daß sie am falschen Ort waren.

4

Rings um die konkave, abschüssige Piazza del Campo (die in Form einer Muschel angelegt und mit Ziegeln in Fischgrätmuster gepflastert ist) läuft ein etwas mehr als dreihundert Meter langer Ring aus Steinplatten. Auf diese Platten wird fünf Tage vor dem Palio eine spezielle, von Jahr zu Jahr in bestimmten Kellern der Kommune eingelagerte Mischung aus Tuff und Sand gestreut und in einer Dicke von zwanzig Zentimetern auf siebeneinhalb Meter Breite festgestampft. Man sagt dann »die Erde ist auf der Piazza«, mit anderen Worten, das Rennfieber ist ins akute Stadium getreten.

Das Rennen (auch »Lauf« genannt) ist sehr kurz. Die Pferde, die von den Jockeys ohne Sattel geritten werden, müssen nur dreimal den Platz umrunden, wofür sie knapp hundert Sekunden brauchen. Doch diese kurze Zeitspanne, kaum mehr als anderthalb Minuten, aber ein ganzes Jahr lang von einer ganzen Stadt erwartet, vorbereitet, ausgemalt, herbeigesehnt und -geträumt und zuletzt noch unerträglich hinausgezögert durch die raffiniert gedehnte quälende Langsamkeit des Historischen Zuges, explodiert schließlich mit einer Gewalt, die in keinem anderen Rennen der Welt ihresgleichen hat. Es ist wie das Abschnellen einer riesigen Feder, wie der Ausbruch eines Vulkans, wie ein Dammbruch, wie...

Valeria (mit größter Unbefangenheit): »Wie ein Orgasmus.«

Guidobaldo: »Genau.«

Anwalt (beiseite): »Heiliger Himmel!«

Guidobaldo: »Wer das übersieht, begreift nichts vom Palio. Die Klimax kommt rasant wie eine Rakete, aber die Spannung hat sich das ganze Jahr über aufgebaut und gesteigert.«

Valeria (in sachlich-intelligentem Ton): »Also eine Erektion, die 365 Tage dauert.«

Guidobaldo (im gleichen Ton): »Ein Vergleich, an den ich auch schon öfter gedacht habe.«

Anwalt (beiseite): »Schweinigel, geile!«

Es war jedoch nicht der geile Schweinigel – erinnert sich der Anwalt –, der Valcria den Wagenschlag öffnete und ihr winkte, rasch unter seinen großen grünen Schirm zu kommen, sondern ein junger philippinischer oder jedenfalls asiatischer Domestike mit Mandelaugen, dunkler Haut und einer pechschwarzen Haarkappe. Das Prasseln des Regens machte die Erklärungen nicht gerade leichter – dazu noch Valeria, die andauernd wiederholte »Sag du's ihm, sag du's ihm«, während er sich aus dem Fenster lehnte und schrie, daß sie sich verfahren hätten, und der Filipino stumm neben dem Wagen stand und nur rätselhaft lächelte.

(Welche Sprache sprechen die Filipinos? hatte er sich gefragt. Spanisch? Englisch? Philippinisch? Mal ganz davon abgesehen, daß dieser Asiate – und was wußte er schon von Asiaten? – vielleicht gar kein Filipino war.)

Dann erschien aus der Loggia die hohe Aristokratengestalt des noch nicht als Guidobaldo bekannten

Grafen, näherte sich gemessenen Schrittes, ohne der Unbill des Wetters zu achten, trat an den Wagen und beendete den Disput der Eheleute (»Auch ich hatte schon gemerkt, daß etwas nicht stimmte, in Paolinos Allee gibt es nur Zypressen.« – »Na, wo du doch sogar den Hund wiedererkannt hast!«), indem er sie mit unwiderstehlicher Liebenswürdigkeit einlud, sich schleunigst aus dieser Sintflut zu retten, einen Moment ins Haus zu kommen, um von dort aus mit ihren Freunden zu telefonieren und sich ein wenig aufzuwärmen und dergleichen mehr.

Kann der Anwalt im nachhinein sagen, er hätte sofort an die Liebenswürdigkeit einer Spinne gedacht? Nein, ehrlicherweise nicht. Mit all seinem »Ach, Sie Armen!«, »Ach, was für ein Pech!«, »Ach, das ist ja furchtbar!« gab dieser Mann ihm das Gefühl, eine Art interessanter Überlebender zu sein, einer der 5%, die sich im letzten Augenblick aus Pompeji zu retten vermochten. Der Mann bot Valeria den Arm, geleitete sie unter dem Schirm des Filipino zur Loggia und kam zurück, um auch den Anwalt in Sicherheit zu bringen.

Auch diesmal war also der Übergang zwar abrupt, aber ganz natürlich gewesen, überlegt der Anwalt, und genauso wie er in den Hagel geraten war, ohne es recht zu merken, fand er sich unversehens auf einmal in jener weiten dunklen Halle, in der zwei Glockenlampen aus gelbem Mattglas mit aufgemalten Wappen das unverzichtbare Minimum an diffusem Licht verbreiteten – über Bögen, Säulen, niedrige Gewölbe, schwärzliche Möbel, große Gemälde von Damen und Herren; sowie über die arme Valeria vor einer weitausladenden Treppe, die unmittelbar aus der Sternenleere zu kommen schien. Doch das Los (respektive das Schicksal) ließ dem Anwalt keinen Augenblick Zeit zu zögern oder Verdacht zu schöpfen, sei's auch nur vage (und wie denn auch anders als vage?).

Der schwarze Hund von vorhin kam knurrend aus einer Ecke, um ihn zu beschnüffeln, während sich knarrend eine Tür öffnete und eine große knochige Frau mit einem Glas in der Hand erschien.

»Das waren sie nicht«, sagte der Mann zu ihr.

Als sie einen Wagen auf dem Vorplatz ankommen hörten – erklärte er den Maggionis –, hätten sie geglaubt, es seien Freunde aus Rom, die sie erwarteten. Valeria entschuldigte sich für den Irrtum und für die Störung, es folgten knappe gegenseitige Vorstellungen (der Anwalt verstand weder die Namen der beiden noch in welcher Beziehung sie zueinander standen), dann kamen erneute Entschuldigungen, Proteste, Mitleidsbekundungen, erneute »Ach, wie schrecklich!« und »Aber ich bitte Sie!«, und in derselben raschen, fließenden, keineswegs alarmierenden Weise dann ein erster Versuch, mit Paolino & Co. zu telefonieren, aus einer Nische hinter einem Pfeiler, das Schweigen des Apparates, die Hypothese, das Gewitter hätte mal wieder die Leitung unterbrochen, wie es in jener Gegend öfter vorkomme (klarer Schnitt, Freunde), und daraufhin die Einladung, einen Moment zu bleiben, bis sich die allgemeine Lage verbessert habe, es sei doch sinnlos, sich ausgerechnet jetzt da hinauszuwagen, die Straßen und Wege seien unmöglich, da bräuchte man einen Geländewagen, sie hätten leicht in einem Graben landen können mit ihrer Familienkutsche!

Wem sagen sie das, dachte der Anwalt.

Valeria warf ihm einen sprechenden Blick zu, doch er kapierte nicht, ob sie meinte, daß er die Einladung annehmen oder ablehnen sollte, oder ob sie's vielleicht selber nicht genau wußte (aber bei den Frauen erlebt man ja immer, daß sie genau das Gegenteil dessen meinten, was man zu tun beschlossen hat, und wieder mal hat man sie nicht verstanden). Jedenfalls beschloß er, die Einladung anzunehmen, sei's weil er ziemlich erschöpft und erschlagen war, sei's weil die Donnerschläge, Blitze und Wolkenbrüche, die draußen immer noch niedergingen, von hier aus geradezu biblisch klangen, wirklich ein Wunder, daß sie ihnen heil entkommen waren!

Er akzeptierte auch (Valeria mit ihrer ständigen Angst zu »stören« hätte es nie gewagt) das Angebot, der Toilette einen kurzen Besuch abzustatten, »um sich die Hände zu waschen«, und eine junge Filipina, die ebenso zierlich wie der Filipino war und seine Frau sein konnte, führte sie eine kurze Backsteintreppe hinunter, durch eine verglaste Veranda voller Topfpflanzen, dann durch eine Diele mit einem Eberkopf an der Wand und verließ sie nach ein paar weiteren Kurven und Kehren in einer langgestreckten Galerie mit hohen Fenstern vor einer Eichentür, hinter der sich ein Refektorium verbergen konnte, eine Kapelle, ein Waffensaal.

Valeria ging hinein, und er lief draußen wie ein Idiot umher im Zwielicht zwischen weiteren alten Gemälden und strengen Möbeln, die ab und zu durch einen Blitz erhellt wurden. Der Eindruck, »wie ein Idiot« umhergelaufen zu sein, steht in der Erinnerung des Anwalts für das Bewußtsein *post factum*, daß alles bereits versammelt war, was ihm hätte die Haare zu Berge stehen lassen müssen: das unbekannte Landschloß, der allzu freundliche Schloßherr, die orientalischen Domestiken, ja selbst der Steinfußboden mit seinem schwarzweißen Schachbrettmuster, auf dem das Echo seiner kurzen Schritte in den Momenten der Stille widerhallte.

Er trat an eins der hohen Fenster und sah eine gleichsam geköpfte Landschaft, tief verhangen von schweren düsteren Wolken, die zwischen den mit dichter Macchia bedeckten Hügeln weißliche Schwaden zogen. Und plötzlich erschien ihm wieder, auf einer Lichtung im Tal, der Pulk galoppierender Pferde, kompakt und doch instabil, ein Gewimmel von schwarzen, grauen und braunen Kruppen, die sich ständig gegenseitig verdeckten und überholten. Es war unmöglich, sie zu zählen (ein Dutzend? ein halbes?), und während sie zwischen Korkeichen und Olivenbäumen verschwanden, dachte er, ich verstehe ja nichts von Pferden, aber wenn das die aus dem idealistischen Reitstall sind, wären sie besser jetzt in ihren Boxen. Er versuchte sich zu orientieren, er hätte gern gewußt, wo dort zwischen den Hügeln der Bauernhof »Le Rombaie« liegen mochte, aber der tiefe Himmel ließ keine Richtung erkennen, und weder die alleinstehende Sequoia noch die verlassene Mine waren zu sehen, weder der schädelförmige Felsen noch die anderen typischen Orientierungspunkte des toskanischen Wilden Westens.

Valeria kam zu ihm ans Fenster, und er ging ins Bad. Es war ein großer bleicher Raum mit so vielen Türen, Schränken, Stühlen, Gemälden ringsum an den Wänden, daß er im ersten Augenblick glaubte, sich in der Tür geirrt zu haben. Er wusch sich gerade die Hände, da ertönte ein schriller Schrei.

Valeria!

Er stürzte hinaus, ohne lange zu überlegen, was es sein könnte (der unbewußte Computer des erfahrenen Ehemannes verteilte 40% auf eine Ratte, 20% auf eine Fledermaus und den Rest zu ungefähr gleichen Teilen auf große Spinne, Tausendfüßler und Knöchelverstauchung), aber keinesfalls hätte er voraussehen können, was er sah: Valeria stand immer noch vor dem Fenster, und hinter ihr regte sich eine kleine dunkle Gestalt, die sie umschlungen hielt und gegen die Brüstung drückte.

Der Anwalt schrie ebenfalls auf und rannte los, um seine Frau von dem Hund zu befreien, der sie rücklings angefallen hatte, und sein Fuß war schon zum Tritt erhoben, als das Tier sich blitzartig aufrichtete: Flüchtig erschien ein dunkles Gesicht, ein dünner geteilter Schnurrbart, ein bleckendes Grinsen – und ein winziges Männchen, ein Zwerg, entfloh mit lautem Gelächter durch die langgezogene Galerie.

Schluchzend klammerte sich Valeria an ihn wie eine interessante Überlebende aus Sodom. Oder aus Gomorrha.

Tödliche Feindschaften trennen die siebzehn Contraden von Siena. Es hassen einander Wölfin und Stachelschwein, Adler und Panther, Schnecke und

Schildkröte, Abscheu herrscht zwischen Giraffe und Raupe, Einhorn und Eule, Widder und Muschel. Der Turm, eine große Contrade (denn es gibt große und kleine, reiche und arme Contraden) vereint gleich zwei wütende Gegner auf sich, die Gans und die Welle.

Niemand weiß mehr genau, was diesen jahrhundertealten Gegnerschaften zugrundeliegt, auch wenn darauf hingewiesen wird, daß die Contraden, die einander am grimmigsten feind sind, im allgemeinen aneinandergrenzen. Doch ob es sich um obskure Interessenkonflikte, uralte Übergriffe und Verletzungen, längst vergessene Gebietsstreitigkeiten, Beleidigungen, Übervorteilungen oder Vertrauensbrüche handelt, die Zeit hat die Karte des Hasses unter den Contraden für immer und ewig festgeschrieben. Und so wird im Namen dieses Gefühls zugleich mit dem oberirdischen Palio ein zweiter, unterirdischer ausgetragen, ein Palio im Negativ, der aber genauso verbissen ist und dessen Ziel darin besteht, die feindliche Contrade am Sieg zu hindern.

Sobald das Los seine offizielle Arbeit getan hat und somit feststeht, wer am Rennen teilnehmen darf und mit welchem Pferd, beginnt ein wildes Intrigenspiel, ein wüstes Gestrüpp von Pakten und Gegenpakten, Vermittlungen, aktiven und passiven Neutralitäten, Begünstigungen, Vorgaben, Sabotagen, Verschwörungen, die den zusammenfassenden Namen »Parteien« haben und sich explizit um den einzigen Faktor drehen, der in der Lage ist, dem Los noch entgegenzutreten und es irgendwie zu korrigieren: die Korruption. Die Korruption der zehn Söldner, die hundert

Sekunden lang frenetisch über die »Erde auf der Piazza« galoppieren werden: der Jockeys.

»Ich will weg hier, ich will weg hier...«

»Aber was ist denn passiert?«

»Bring mich weg hier, bring mich weg hier...«

»Okay, aber was war denn, was hat er dir denn getan?«

»Ich will hier nicht bleiben, ich will hier nicht bleiben...«

Der Dialog zwischen den zwei verschwommenen Gestalten, die sich im Zwielicht der Galerie umarmten, ging nicht darüber hinaus. Sie zitterte weiter und zog die Nase hoch, er klopfte ihr leicht auf den Rükken und streichelte ihr den Nacken in der Hoffnung, daß es das Richtige war, aber mit dem Zweifel, ob es nicht besser wäre, ihr statt dessen Wasser oder Riechsalz zu bringen, Hilfe zu holen, sie aufzuheben (unmöglich, bei seiner Kurzatmigkeit würde er nach drei Metern zusammenbrechen), um sie ins Auto zu tragen, ungeachtet der Unbill des Wetters.

»Ich war hier am Fenster und guckte raus«, erzählte Valeria plötzlich wieder normal, »und bei all dem Gedonner hab ich ihn gar nicht kommen hören... Er hat mir den Rock hochgehoben und mir den Schlüpfer...«

Erneutes Zittern und Schniefen.

»Mein Gott, was für ein Schock!«

Sie begann mit der Rechten, ihre Pobacke zu massieren.

»Nun sag doch schon, was hat er dir denn getan?«

»Er hat mich gebissen.«

»Wo?«

»Hier.«

»In den Po?«

»Ja.«

Zur totalen Verblüffung des Anwalts prustete sie auf einmal los.

»Es ging alles ganz unheimlich schnell, er muß darin eine gewisse Übung haben.«

»Aber wer war es denn?«

»Wie soll ich das wissen, er hat sich nicht vorgestellt.«

»Der Filipino war's jedenfalls nicht, dieser Typ hatte einen Schnurrbart, und außerdem war er viel kleiner.«

»Wer's auch war, auf jeden Fall hat er mich *unheimlich* erschreckt. Ich stand hier ganz ruhig, und plötzlich spürte ich ihn über mich kommen wie...«

»Hat er dir weh getan?«

»Na ja..., er hat mich ganz schön angebissen. Wer weiß, vielleicht hab ich ihm geschmeckt.«

»Valeria!«

Er zog sie hinter sich her zu einem der antiken Stühle mit dicken Beschlägen und hoher Rückenlehne, die zwischen den hohen Fenstern standen, setzte sich, drehte sie um und lüpfte ihren plissierten Rock.

»Sehen wir uns die Wunde mal an.«

»Also es war schließlich keine Kobra!«

Der Schlüpfer hing ihr noch immer halb auf den Schenkeln, und auf der rechten Pobacke war ein leichter runder Abdruck zu sehen, der wie ein verblaßter Poststempel aussah.

Der Anwalt fuhr mit dem Zeigefinger leicht um das Mal.

»Tut das weh?«

»Nein.«

»Jedenfalls wird es besser sein, etwas Alkohol draufzutun, einen kalten Umschlag, was weiß ich.«

»Vielleicht war's ein Vampir ...«

Valeria drehte sich um, setzte sich rittlings auf seine Knie, schlang die Arme um seinen Hals und flüsterte ihm ins Ohr:

»Oder es war ein Kannibale, der mich auffressen wollte.«

Sie biß ihn ins Ohr.

»Valeria!«

»Nimm mich«, gurrte sie.

Er begriff nicht, solche Dinge begreift man nicht gleich auf Anhieb.

»Was?«

»Laß uns vögeln.«

»Bist du verrückt?«

»Los, mach schon!«

»Hier auf dem Stuhl?«

»Hier auf dem Stuhl!

»Du bist wohl nicht ganz bei Trost, es kann jemand kommen, es kann ...«

Sie drehte und wand sich, um den Schlüpfer ganz loszuwerden, der schließlich auf dem Fußboden lag, als weißer Stoffetzen auf einem schwarzen Schachbrettfeld, jähe Vorwegnahme (doch wie hätte der Anwalt das schon in diesem Augenblick ahnen können?) des schwarzweißen Banners von Siena auf der Torre del Mangia.

»Los, mach schon ... Sei so gut ...«

Das ist nicht *sie*, war das einzige, was er denken konnte, und ein kalter Schauer lief ihm über den Rücken.

»Du machst wohl Witze ... Das ist doch nicht ... Entschuldige, aber wir können doch nicht ... Nein wirklich, beruhige dich, du bist außer dir!«

»Ja, ich bin außer mir ...«

Ihre Stimme hatte einen ganz neuen Ton, den er noch nie bei ihr gehört hatte, so zwischen kehlig und zischend, und sie wand sich so komisch, so ... schlüpfrig, es gab kein anderes Wort dafür. Sie war nicht bei Trost, die Ärmste. Geschockt. Und auch er fühlte sich geschockt. Vor Erstaunen gelähmt. Mit einem Satz sprang er auf, so daß sie und der Stuhl fast umfielen.

»Komm, gehen wir den kalten Umschlag machen.«

Wütend lief sie voraus durch die Galerie, und als er sie einholte, um ihr das Höschen zu geben, das sie liegengelassen hatte, knüllte sie es zu einem Bällchen zusammen und stopfte es ihm in die Hemdtasche.

»Da, das schenk ich dir, mach dir daraus einen kalten Umschlag.«

»Valeria, bitte, sei doch vernünftig!«

»Haha!«

Sie begann zu trällern.

Peinliche Szene, wie sie da durch die Galerie liefen: sie erhobenen Hauptes vorausmarschierend und er hinterherjapsend im Bemühen, ihr die Schwere des Vorfalls klarzumachen. Was wäre passiert, wenn er nicht rechtzeitig eingegriffen hätte, um den Angreifer zu vertreiben? Keine Minute konnte man länger in einem Haus bleiben, in dem so ein Besessener, so ein Monster frei herumlief! Wer es wohl sein mochte? Ein Domestike? Ein verrückter Verwandter? Oder vielleicht ein Fremder, der sich während des Unwetters in das Schloß eingeschlichen hatte? Der Anwalt redete hauptsächlich so, um zu reden, in der Annahme, daß der Ton seiner Stimme (besonnen, vertraut) seiner Frau helfen würde, ihre Erregung zu überwinden und ihre Selbstkontrolle wiederzufinden.

Er mußte aufhören, als sie in die Diele mit dem Eberkopf kamen, wo die Filipina sie erwartete. Sie gingen mit ihr zurück in die weite leere Halle mit den trüben Glockenlampen, und der Anwalt war schon entschlossen, einfach hinauszugehen und die Villa samt ihren Bewohnern grußlos zu verlassen, als ihm hoch oben auf einem der beiden Flügel der großen Treppe das wunderbarste Geschöpf erschien, das er je im Leben gesehen hatte (Ginevra), eine Fee, eine Madonna, ein Engel, eine Hindin, eine Gazelle mit langem Blondhaar und eingegipstem Handgelenk. Sie schaute nach oben und sagte zu jemandem, den man nicht sah:

»Wenn das so weitergeht, wird alles im Schlamm versinken und sie können nicht laufen.«

Es war die erste Begegnung des Avv. Lorenzo (Enzo) Maggioni mit dem Palio von Siena.

5

Der Anwalt umarmt Ginevra, das Traumgeschöpf, das von einem Moment zum anderen (dies war sofort sein Eindruck gewesen) verschwinden, sich in nichts auflösen könnte.

Was mag die Amerikanerin von ihnen beiden denken? Und die anderen Zuschauer, die sich hinter ihnen drängen, von einem Fenster zum anderen gehen, von einem Raum zum anderen in dieser großen Luxuswohnung an der Piazza del Campo? Sie kennen sich alle untereinander, sie waren schon oft hier, sie lachen und schwatzen. Sie glauben vermutlich, die beiden wären Vater und Tochter. Ein zärtlicher Vater, der seine »Kleine« zum Palio mitgenommen hat. Sie hat sich beim Reiten die Hand verstaucht, und er, um sie zu trösten ...

Er hat es ihr auch gesagt, es war stärker als er (alles, was sie betrifft, ist stärker als er):

Anwalt: »Ich könnte dein Vater sein.«

Ginevra (die sich gerade mit seiner Hilfe die Bluse auszog): »Wo denkst du hin, mein Vater hätte nicht solche Skrupel, der fickt wie ein Bock, der stößt jede, die er kriegen kann.«

Der Anwalt drückt sie noch fester an sich. Die unbefangene und – wie soll er sagen? – ernüchternde Sprache, die Ginevra so gerne gebraucht, hat ihn anfangs ein bißchen verwirrt, aber jetzt täuscht sie ihn nicht mehr. Das ist bloß eine Maske, ein gespielter Zynismus, genau wie ihre angebliche Gleichgültigkeit gegenüber dem Ausgang des Palio. Sie redet nur so, um ihr inneres Wesen zu verbergen, das nichts mit den Rohheiten und Vulgaritäten des Sex zu tun hat. Das ist es, was Valeria nicht kapiert hat und nie kapieren wird.

Valeria: »Soso, du findest also Geschmack an kleinen Mädchen, hat diese Göre dich endlich rumgekriegt?«

Anwalt: »Wenn du's auf diese Ebene bringen willst...«

Valeria: »Sie legt's doch nur drauf an, dich lächerlich zu machen, haha!«

Pure Eifersucht natürlich. Oder genauer purer Neid (während sie selber längst mit ihrem Guidobaldo techtelmechtelte). Oder die schlichte Tatsache, daß eine Ehefrau, kaum daß andere Frauen in Sichtweite kommen, dich unweigerlich aus der Contrade der Schnecke oder des Schlappschwanzes in die Contrade des Widders oder des Geilen Affen versetzt, und du hörst schon in ihrer Stimme den rostfreien Stahl der Rasierklinge, mit der sie dich ein für allemal zur Räson bringen will, dich und dein schmutziges Dingsda.

Allerdings muß der Anwalt zugeben, daß ihm selber nicht so ganz klar ist, welchen Effekt »diese Göre« auf ihn ausübt. Ein gewisser Prozentsatz Sex (im weitesten Sinne und seinerseits in diverse Bestandteile zu zerlegen) ist sicher im Spiel. Aber die anderen Elemente entgehen ihm noch. Ginevra bleibt ein Geheimnis, vielleicht im Zusammenhang mit all den anderen Geheimnissen dieser Tage...

Valeria (unbefangen zur Contrade der Simplifizierung übergehend): »Ein Geheimnis? Was für ein Geheimnis? Sie ist ganz einfach ein Flittchen, das sich dem erstbesten an den Hals wirft.«

Der Anwalt fährt mit der Hand über den Rücken des »Flittchens«, wie um eine Definition ihres Körpers zu finden (rank? biegsam?), und auf seine Lippen kommt unwillkürlich ein weiterer jener Sätze, die stärker sind als er. »Was bist du wirklich?« ist er im Begriff, sie zu fragen.

Aber da spürt er, wie sich ihr Körper (behende? geschmeidig?) kaum merklich unter seiner Berührung versteift, während ihr Kopf zu ihm herumfährt.

»Ah, endlich!« sagt sie und blickt über seine Schulter. »Ich sterbe vor Durst.«

Hinter ihnen steht jetzt ein Kellner in weißer Jacke mit einem großen Tablett voll diverser Getränke. Alle umdrängen ihn.

»Und du, hast du keinen Durst?« fragt sie ihn im Vorbeigehen.

»Nein, ich nicht«, sagt der Anwalt.

Er streckt eine Hand aus und hält sie zurück.

»Geh nicht.«

»Wieso, was ist denn?«

Seine Kehle ist plötzlich ganz trocken, aber nicht vor Durst.

»Ach nichts, entschuldige.«

Sie drängt sich zwischen die anderen Gäste: ein wunderschönes, etwas zu blondes Mädchen, das sich umgeben von lächelnden, eleganten, feinen Leuten verschiedenen Alters in einem schicken Ambiente unter dem freundlichen Blick eines distinguierten Kellners genüßlich erfrischt. Aber der Anwalt will gar nicht wissen, was sie da trinkt, er will Ginevra nicht in diesem abgedroschenen Werbespot sehen. Sie hat nichts damit zu tun, da ist er ganz sicher, sie gehört nicht zu den soundsoviel Prozent, die X trinken, Y essen und sich mit Z waschen. (Aber wozu gehört sie dann?)

Der Anwalt dreht die Augen zur Piazza, um das Programm zu wechseln, doch genau in diesem Moment ist da unten alles erstarrt. Die Kapelle schweigt, die Fahnen fliegen nicht mehr, kein Trommelwirbel und kein Applaus ertönt. Ist es Zufall, daß eine graue Wolke die Sonne verdunkelt hat? Daß alle Farben erloschen sind?

Siebzehn Contraden sind jetzt auf der Piazza, von der Welle, die den Zug eröffnet hat, bis zum Drachen, der ihn beschließt. Alle sind also versammelt, sowohl die zehn, die am Rennen teilnehmen werden, als auch die sieben anderen. Doch da unten zu seiner Rechten, in der dunklen Via del Casato, sieht der Anwalt noch eine weitere Gruppe von Reitern warten.

Ah!

Er streckt die Hand zu der amerikanischen Lady aus. Wie sagt man doch gleich: »*Can I*« oder »*May I*«? Er kann sich nie recht erinnern.

»*Could you please?*« stammelt er schließlich.

Die Lady gibt ihm lächelnd das Fernglas.

Ja, sie sind es!

Sechs Pferde in langen Schabracken, die ihnen bis über die Köpfe reichen, mit je zwei Löchern für die Ohren und zwei für die Augen (die groß und böse aussehen). Auf den Pferden sechs Reiter in Rüstungen, mit gesenkten Visieren. Und auf den Helmen die sechs Symbole: Viper, Hahn, Eiche, Schwert, Bär und Löwe.

Ja, sie sind es wirklich, lächelt der Anwalt, stolz auf sein Wissen und stolz, daß er sie erkannt hat: die Toten Contraden.

Die Einladung zum Essen kam nach einem zweiten Versuch zur Kontaktaufnahme mit Paolino & Co. drüben in Fort Apache. Die Leitung war immer noch unterbrochen, aus dem Hörer kam nur ein feindseliges, fast persönliches Schweigen, wie wenn jemand einem den Rücken kehrt. Der Schnitt war wirklich sehr klar.

Dennoch wäre der Anwalt, erinnert er sich, trotz der Erscheinung des wunderbaren Geschöpfes (das von einem würdigen Alten begleitet wurde) an diesem Punkt noch gegangen. Das Gewitter schien langsam nachzulassen, und es gab keinen vernünftigen Grund, die Entscheidung von jenem Telefongespräch abhängig zu machen. Wozu sich bei den Idealisten melden? Was hatten sie ihnen schon zu sagen? Daß sie sich verspätet hatten? Das wußten sie schließlich bereits, und ihrerseits hatten sie ja wirklich nichts Neues zu melden: Okay, alles klar, wir sitzen hier friedlich zwischen Tomaten und Seidenraupen, die Indianer haben die Belagerung des Forts aufgehoben, also rafft euch auf und kommt, *over and out*.

Sie brauchten sich also nur aufzuraffen und loszufahren. Aber Valeria bekam jetzt den Blick einer Schiffbrüchigen und verlegte sich auf ein bestürztes »Was machen wir bloß, was machen wir bloß?«, das angesichts der Uhrzeit und der Präsenz der anderen rings um das Telefon darauf hinauslief, eine Einladung zum Essen zu provozieren. Die auch prompt kam, und zwar a) von Guidobaldo, b) von der knochigen Frau mit dem Dutt, die, wie sich später herausstellte, Elisabetta hieß, und c) von dem würdigen Alten, dessen Name Ascanio war. Ginevra sagte kein Wort und zeigte nicht das mindeste Interesse.

Valeria ließ sich's nicht zweimal sagen und brachte es sogar fertig, während sie dankend annahm, dem Anwalt einen herausfordernden Blick zuzuwerfen: Siehst du, wie diese biedere Hausfrau sich dem Unerwarteten stellt, dem Abenteuer? Siehst du, wie sie sich in einer ungewöhnlichen Situation amüsiert? Der Biß in den Po war ihr offensichtlich zu Kopf gestiegen.

Alle begaben sich in die Bibliothek, zwischen Meter und Meter von Pergamenten und Lederrücken mit Goldprägung, Tausende kostbarer Bücher säuberlich nebeneinander an beiden Langseiten des Barocksaales bis hinauf an die Freskendecke mit verblichenen Allegorien. An einer der Schmalseiten prangte ein mächtiger Bücherschrank mit vier gewundenen Säulen aus rötlichem Holz, an der anderen ein verschnörkelter Marmorkamin, in dem ein schönes Feuer prasselte.

»Oh, was für ein schönes Feuer!« rief Valeria sofort.

Sie ließ kein Klischee aus und steigerte dieses sogar noch um die folgende Offenbarung:

»Ich könnte stundenlang einfach nur dasitzen und ins Feuer sehen.«

Alle begaben sich vor den Kamin. Silberne Tabletts mit Weinen, Aperitifs, Eiswürfeln, Cocktailwürstchen, Erdnüssen, Chips und Oliven standen auf niederen Tischchen bereit, und im Nu fand sich der Anwalt, in der einen Hand einen Scotch, in der anderen ein Stück Wildschweinsalami, in einem tiefen Sessel vor dem Feuer wieder.

Die beiden Damen des Hauses plauderten leise auf einem Sofa. Valeria schwatzte angeregt über ihren Bruder, über die Philosophie des klaren Schnittes, über den Weinbau, die Pferdezucht und die Wildschweine, die sich seit dem Jagdverbot wie Kaninchen vermehrten und die Zwiebelernte vernichteten. Dabei wandte sie sich zwar an den würdigen alten Ascanio (spindeldürre Gestalt, stechende Augen, langes weißes Haar, von Kopf bis Fuß in weißes Leinen gekleidet), aber in Wirklichkeit war es Guidobaldo, vor dem sie sich so produzierte. Als der Anwalt das merkte, begann er den Mann genauer ins Auge zu fassen, der sie aus der Sintflut gerettet hatte.

Er stand lässig neben dem Kamin, einen Ellbogen auf die Konsole gestützt, und sah Valeria interessiert an. Ein schöner Mann, kein Zweifel: hochgewachsen, so zwischen dreißig und vierzig, sichtbar sportlich, mit einem edel geformten Hinterkopf, der sich in den Scheiben der Spiegelwand reflektierte. Aber das Gesicht?

Der Anwalt mußte unwillkürlich an Baravalle denken, einen alten Kollegen aus seiner Referendarzeit. Baravalle kam aus Piemont und sagte immer: »Glaub mir, Maggioni, wenn einer ein Arschgesicht hat, ist er ein Arsch.«

Aber kann der Anwalt ehrlicherweise behaupten, daß es Baravalle war (was mag übrigens aus ihm geworden sein?), der das erste schwache Alarmsignal in ihm ausgelöst hatte, den ersten Verdacht oder besser die erste konfuse Ahnung, daß hier etwas nicht stimmte?

Kaum. Der Gang der Rekonstruktion ist nicht so einfach, andere Elemente müssen mitberücksichtigt werden: die Müdigkeit nach der langen Fahrt, die jähe Gewalt des Hagels, die Tatsache, daß sie sich verfahren hatten, das sonderbare Gefühl der Entrücktheit, das er bei dem Gedanken empfand, auf einmal in dieser fremden Villa zwischen all diesen fremden Leuten zu sein. Auch Valerias Benehmen desorientierte ihn. Und vielleicht auch der Scotch. Und die übertriebene Wärme des Kaminfeuers (mitten im August!).

Zusammengenommen mußten all diese Faktoren auf den Anwalt (einen Durchschnittsmenschen, für Normabweichungen schlecht gerüstet und von Ausnahmen leicht irritierbar) wie eine Art Droge wirken. Nicht daß er eine Halluzination gehabt hätte, aber mit einem Mal erschien ihm, ausgehend von Guidobaldos Gesicht, die ganze Szene irgendwie in einem anderen Licht: manieriert, artifiziell, synthetisch. Alles entsprach der Norm, alles fügte sich zwanglos in die Kette der Ursachen und der Wirkungen, die ihn hierhergeführt hatte, in diesen Sessel vor dieses lustig flackernde Feuer, und dennoch kam ihm das Endergebnis, wie es sich seinem (vielleicht ein wenig getrübten, umnebelten) Blick nun darbot, irgendwie leblos vor, sozusagen wie eingerahmt, unter Glas. Und als dann Elisabetta, die knochige Frau, die hier anscheinend die Hausherrin war, ihm die offene Scotchflasche hinhielt, eine an sich ganz normale

Geste, wie sie normaler nicht sein kann, durchzuckte ihn jäh der Gedanke: Mein Gott, diese bernsteinfarbene Flüssigkeit, die Reflexe des Feuers auf den Gläsern, dieses einladend warme Lächeln, das phantastische Mädchen da auf dem Sofa, das Arschgesicht... Das ist ja die reinste Whiskyreklame!

Er mußte lachen, und vermutlich hätte er, blauäugig und naiv, den anderen seinen komischen Eindruck mitgeteilt. Was ihn den Fauxpas vermeiden ließ, war der geräuschlose (»verstohlene«?) Auftritt des Filipino, der allerdings mit seinem asiatischen (»zweideutigen«? »undurchdringlichen«? »rätselhaften«?) Lächeln einen nicht minder verwirrenden Eindruck auf ihn machte. Schon wieder so eine konstruierte, artifizielle Szene. Offenbar eine stereotype Sequenz. Nur konnte er im Moment noch nicht präzisieren, aus welchem Genre.

»Gehen wir zum Essen hinüber«, sagte Elisabetta, während der Filipino einen Schritt rückwärts tat und in einem schmalen dunklen Spalt zwischen den Büchern verschwand.

Na klar, dachte der Anwalt beruhigt, als er in dem Spalt eine schmale Tür bemerkte, die täuschend echt mit aneinandergereihten Buchrücken bemalt war: Na klar, deswegen war ihm der plötzliche Eintritt des Filipino so gespenstisch erschienen... Nur kam ihm an diesem Punkt das Wort »Geheimtür« in den Sinn, so daß sich der Eindruck von Künstlichkeit und klischeehafter Inszenierung unweigerlich wiederholte.

Komisch, dachte er halb amüsiert, halb irritiert, als er die anderen aufstehen und die knochige Hausherrin mit Valeria (»ich gehe mal voraus«) zu der schmalen

Büchertür gehen sah, irgendwie komisch, daß man sich in dieser Villa andauernd zwischen bekannten Stereotypen und abgedroschenen Klischees bewegt. Sogar Valerias Erlebnis mit ihrem sadistischen Angreifer war, so unerklärlich es blieb, im Grunde auch nur eine billige Genreszene gewesen...

»Kommen Sie nicht?«

Ginevra (das Traumgeschöpf) stand neben ihm und reichte ihm mit ermunterndem Lächeln eine Hand wie einem Patienten, der nicht allein aufstehen kann. Er raffte sich auf und entschuldigte sich: die Müdigkeit von der Reise und vielleicht auch – verlegenes Lächeln, während sie ihm das leere Glas aus der Hand nahm und auf ein Tischchen stellte – der zu reichliche Whisky.

Das Mädchen nahm ihn am Arm und schleppte ihn durch ein Billardzimmer und einen Salon bis in einen hohen weitläufigen Speisesaal, wo sie ihn wie einen hilflosen Hampelmann auf einen Stuhl an der Langseite eines enormen gedeckten Tisches setzte.

»Uff!« seufzte sie erleichtert. »Da wären wir.«

Sie setzte sich neben ihn.

»Trinken Sie einen Schluck Wasser.«

Er trank einen Schluck aus dem Kelchglas, das sie ihm reichte, und sah sich um. Am Kopfende des enormen Tisches thronte die Hausherrin, links neben ihr saß der würdige Alte (dann Ginevra, dann er selbst). Rechts neben ihr war ein Platz leer, dann kam Valeria, dann Guidobaldo. Dem Anwalt fiel ein, daß ihre Gastgeber Freunde aus Rom erwarteten, und um zu zeigen, daß sein kleines Unwohlsein schon wieder vorbei war, fing er munter zu reden an:

»Und Ihre Freunde aus Rom, sind die noch nicht angekommen?«

»Nein«, sagte Guidobaldo. »Ich nehme an, sie warten irgendwo unterwegs, bis das Gewitter sich legt.«

»Verstehe, und wo ja das Telefon nicht funktioniert...«

»Eben.«

Alle wirkten plötzlich verlegen, pikiert, sozusagen nur noch an ihre Höflichkeit geklammert. Vielleicht wegen Valeria, die jetzt, wie immer nach ihren Geschwätzigkeitsanfällen, in ein geniertes Schweigen verfallen war? Oder hatte er selber, dachte der Anwalt, vielleicht etwas Falsches gesagt, als er die Freunde aus Rom erwähnte, die womöglich an irgendwelche schweren Sorgen erinnerten?

»Sind Sie aus Siena?« fragte er Ginevra.

»Ja, aber ich lebe in Florenz, ich bin nur zum Palio hergekommen.«

»Ah, zum Palio.«

»Kennen Sie ihn? Haben Sie schon mal einen gesehen?«

»Leider nein, muß interessant sein.«

»Sehr interessant.«

Solche Gespräche gingen träge um den Tisch, unterbrochen von langen Pausen. Nichts passierte. Niemand begann mit dem Essen. Der Filipino hielt sich steif und hölzern im Hintergrund an der Tür. Worauf wartete man? Für wen war der Platz rechts neben Elisabetta gedeckt? Nicht für die Freunde aus Rom, wenn sie mehr als einer waren. Wenn sie allerdings drei waren, ging die Rechnung wieder auf: Zwei Plätze hatten die Maggionis besetzt, und der dritte war dann der leere. Seltsam allerdings, daß sie ihn dann nicht ihm gegeben hatten. Oder dem Alten.

Elisabetta zündete sich eine Zigarette an, nahm einen tiefen Zug, drückte sie aber gleich wieder resolut in einem winzigen Aschenbecher aus und wandte sich an den Alten:

»Gut, jetzt reicht's.«

Er senkte zustimmend die Lider.

Sie gab dem Filipino ein Zeichen, er nahm eine Schüssel von einem halbrunden Wandtisch und begann zu servieren.

Erst Valeria.

Dann Ginevra.

Dann Elisabetta.

Die Entfernung zwischen den einzelnen Plätzen um den endlosen Tisch schien in der Stille zu wachsen, und es war nicht die genüßlich-gefräßige Stille unter Tischgenossen in Erwartung eines erlesenen Mahles, sie erinnerte eher an die einer Katze, die um einen Vogel im Käfig schleicht. Der Anwalt hatte den deutlichen Eindruck, daß die Gastgeber schwiegen, weil er und Valeria da waren, andernfalls hätten sie sich auf die Themen geworfen, die ihnen am Herzen lagen, oder gar auf ein einziges Thema, das sie alle bedrückte (ja, das hätte er schwören können, auch wenn er nicht wußte, welches). Womit sich die Frage stellte: Wieso zum Teufel hatten sie ihn und Valeria dann eingeladen? Was war der wahre Grund dieser opulenten Gastfreundschaft?

Sein Blick traf den seiner Frau, aber er konnte ihm nicht entnehmen, ob sie sich dasselbe fragte.

Und in dieser Stille hörte er draußen jemanden

forsch *La donna è mobile* pfeifen, kurze schnelle, rasch näherkommende Schritte, dann eine Tür, die hinter ihm aufging. Er konnte gerade noch Valerias weitaufgerissene Augen sehen, da schrie eine schrille Stimme:

»Guten Appetit allerseits!«

Er drehte sich um. Eingezwängt in einen winzigen zweireihigen Blazer mit Silberknöpfen, gestreifter Krawatte, weißen Röhrenhosen und weißen Stiefeletten kam der Zwerg, der Valeria überfallen hatte, der Verrückte, das Monster, um den leeren Platz zwischen seinem Opfer und der Hausherrin einzunehmen.

»Gut, daß ihr ohne mich angefangen habt«, sagte er in sarkastischem Ton. »Ich ziehe es immer vor, aus der Hinterhand zu starten.«

Guidobaldo, der dem Anwalt direkt gegenüber saß, hob kaum merklich die Augen zur Decke und sagte dann zu Valeria gewandt:

»Darf ich vorstellen: Puddu, auch Backenkneifer genannt, der König der Jockeys des Palio.«

»Wir kennen uns schon«, krähte Puddu.

Mit einem glücklichen kleinen Grinsen, das seine Zähne entblößte, reckte er sich zu Valeria hoch und biß sie zärtlich ins Ohrläppchen.

6

Die Contraden von Siena, heute siebzehn, waren im Mittelalter viel zahlreicher.

Der Anwalt Maggioni weiß (abgesehen von ein paar vagen Erinnerungen aus der Schule) praktisch nichts über das Mittelalter, aber er hat vor kurzem erfahren (von dem gelehrten alten Ascanio), daß einst die Herrschaft der Langobarden bis hierher reichte. Wirklich? Ja, wirklich! Und daß die Contraden sich damals um die Pfarreien gebildet hatten, die von den barbarischen Invasoren nur ungern toleriert wurden, weil sich die Bürger in ihnen nicht nur versammelten, um zu beten (was sie oft nötig gehabt haben mußten), sondern auch, um ihre tristen Probleme als Besiegte, Besetzte und Beherrschte zu diskutieren. Dann kamen die Franken (ach ja, die Franken), die ein anderes Verhältnis zur Kirche begründeten (ach ja, natürlich) und die das lokale Selbstverwaltungssystem nicht nur akzeptierten, sondern ihm auch Verantwortung, Macht, diverse Aufgaben, Pflichten und Rechte übertrugen. Die Contraden stellten Milizen auf und kümmerten sich um die Kranken, hielten die Straßen sauber und erhoben Steuern. Sie wurden in drei Sektoren aufgeteilt (die sogenannten »Drittel« von Siena), und als die Stadt dann Freie Kommune wurde...

Der Anwalt Maggioni ist zwar Lombarde, und in seinen Adern kreisen vermutlich noch ein paar letzte Tröpfchen langobardisches und/oder fränkisches

Blut, doch er vermag keinerlei Beziehung zwischen sich und jenen fernen Zeiten zu sehen, er verspürt nicht die mindeste Affinität zu den Freien Kommunen. Als Durchschnittszeitgenosse und Durchschnittsitaliener hegt er im Gegenteil seit der Schulzeit ein Gefühl von trostloser Langeweile und verzweifelter Unlust angesichts des Kapitels »Die Kommunen« im *Handbuch der Geschichte*: graue, engbedruckte, trockene Seiten, womöglich noch schlimmer als die des Kapitels »Die Araber«.

In den letzten drei Tagen hatte er aber Gelegenheit zu bemerken, daß hier in Siena ein kontinuierlicher Faden von jenen dunklen Jahrhunderten bis in unsere Tage reicht. Wenn er Rückschau in die Vergangenheit hält, sieht er seinen Vater und dahinter noch seinen Großvater (mit weißem Schnauzbart, ärgerlich damit beschäftigt, in einem höhlenartigen Hauseingang seinen Regenschirm zu öffnen), doch weiter kann er nicht sehen. Ascanio dagegen (und mit ihm Ginevra, Elisabetta, Guidobaldo und jeder andere Bürger von Siena) sieht mühelos eine lange Reihe von Ahnen, aufrecht wie die Kegel, er sieht an die dreißig bis fünfzig Personen: Adlige, Bauern, Bürger, Soldaten, womöglich auch ein paar Priester oder Mönche, die sich sozusagen den Ball weiterreichen wie in den biblischen Generationen – Baccio zeugte Bindo, Bindo zeugte Corso, Corso zeugte Duccio ...

Ah, die Tradition! Was trieben im Mittelalter, sagen wir um 1200, die Vorfahren des Avvocato Maggioni? Er hat nicht die leiseste Ahnung, keinen Schimmer. Während Ascanio weiß, daß sich zu jener Zeit Baccio, begleitet von Bindo, Corso, Duccio usw., am 15. August, dem Tag der Auferstehung Mariä, zum Dom begab, um feierlich seinen Tribut als Contradenbürger, auch *Contradaiolo* genannt, zu entrichten, das heißt, eine Kerze zu stiften. Schon damals war alles peinlich genau geregelt: der Preis, das Gewicht, das Kaliber, die Länge der obligatorischen Kerze für jeden Contradaiolo, der großen bemalten Kerze für jede Contrade und der hundert Pfund schweren Riesenkerze als Festgabe der Kommune. Zweifellos eine schöne Zeremonie, man kann es sich vorstellen. Aber kann man sich auch vorstellen, daß sie damit schon zu Ende war? Daß Baccio, Bindo usw. sofort nach Ablieferung ihrer Kerze wieder nach Hause gingen?

Nein, sicher nicht. Auch ein lombardischer Anwalt weiß, daß eins das andere ergibt. Man bleibt noch ein wenig da, man hält noch ein Schwätzchen auf der Piazza del Duomo. Man bewundert die Gaukler und Seiltänzer, die von auswärts gekommen sind. Man ißt von den Leckereien und trinkt von den Weinen, die aus gegebenem Anlaß an Ständen geboten werden. Bis schließlich jemand (nicht mal Ascanio weiß, wer) eines schönen Tages (das genaue Jahr bleibt für immer im dunkeln) die Idee hat, aus gegebenem Anlaß ein Rennen zu organisieren, ein Pferderennen zwischen den vielleicht schon durch andere kleine Rivalitäten, durch einen natürlichen Konkurrenzgeist entzweiten Contraden.

So ist, dem wohlinformierten Ascanio zufolge, der Palio von Siena entstanden, der jahrhundertelang nicht auf der Piazza del Campo ausgetragen wurde, sondern in den dunklen und gewundenen Gassen der

Stadt, quer durch die einschlägigen Kapitel des Geschichtshandbuches: die Welfen und Ghibellinen, die Signorien und Fürstentümer, Karl VIII. und Karl V., Könige, Päpste, Kaiser und Republiken, Kriege, Invasionen, Belagerungen, Massaker, Brände, Hungersnöte und Pestilenzen. Am Ende, nach all den Kämpfen und Heimsuchungen, die das Volk von Siena mehrmals dezimiert, die Paläste und Hütten entvölkert, die Läden mit Schweigen erfüllt, die Kirchen und Klöster entleert hatten, war die Vielzahl der mittelalterlichen Contraden auf die heutigen siebzehn zusammengeschrumpft.

Der Anwalt Maggioni kann die Augen (das Fernglas) nicht von jenen sechs Reitern lösen, die immer noch reglos dort unten an der Casato-Kurve stehen, von jenen sechs eisernen Helmen, auf denen sich die Symbole der Eiche, der Viper, des Bären, des Löwen, des Hahns und des Schwertes erheben. Sechs Symbole, die mit schmerzlich-eindringlicher Beharrlichkeit die verschwundenen, ausgetilgten, vom Gang der Geschichte zu Staub zermalmten Contraden repräsentieren.

Doch der Anwalt ist kein Tourist, kein distanzierter Beobachter mehr; die letzten drei Tage haben ihn mit Vorahnungen, Obsessionen, Passionen, Rätseln, heimlich-unheimlichen, undechiffrierbaren Chiffren erfüllt. Jetzt kann auch er weiter sehen: Hinter den wappengeschmückten Helmen der Toten Contraden sieht er deutlich die endlose Reihe der Massakrierten, Geköpften, Gehenkten, Gevierteilten, bei lebendigem Leibe Verbrannten, der Verhungerten und an der

Pest Gestorbenen, denen die kommunale Pietät diese stellvertretende Ehrenpräsenz auf der Piazza gestattet, aber längst jede Rache verwehrt. Generationen und Abergenerationen grauenhaft zugerichteter Leichen, Berge von Skeletten bis an dieses Fenster hinauf – und kein Pferd, kein Jockey, wie gekauft und korrupt auch immer, wird je mehr in ihrem Namen am Palio von Siena teilnehmen dürfen!

Wie würde ich reagieren, fragt sich der Anwalt unwillkürlich, wenn mein Großvater oder ein anderer direkter Vorfahre zur Contrade des Hahns, des Bären oder sonst einer der Contraden gehört hätte, die anno 1675 unterdrückt worden sind?

Damals nämlich seien, hat ihm Ascanio erklärt, jene sechs Contraden nach schweren Zwischenfällen, die sie angeblich während des Palio jenes Jahres verschuldet hätten, auf Lebzeiten disqualifiziert worden und ihrer Gebiete verlustig gegangen. In Wirklichkeit habe es sich jedoch um pure Unterdrückung gehandelt, um eine schlichte und schamlose Eliminierung durch stärkere Contraden, die ihre Gebiete vergrößern wollten. Ein bißchen wie die Teilung Polens, denkt der Anwalt, indem er zwanglos zu einem anderen Kapitel im *Handbuch* übergeht. Und sicher war es, zumindest anfangs, für die Ex-Fans der Eiche, des Hahns usw. nicht leicht, sich für die neuen Contraden zu erwärmen, denen sie offiziell einverleibt worden waren. So was ist schwer zu verdauen, vor allem für jene, die sich anno 75 um den Sieg gebracht sahen und auf eine Revanche anno 76 oder 77 gehofft hatten.

»Du«, ist er im Begriff, halb im Scherz, halb im Ernst Ginevra zu fragen, während er die Wappenzeichen jener sechs immer noch reglosen Reiter eins nach dem anderen durch das Fernglas betrachtet, »zu welcher Contrade hast du im Jahre 1675 gehört?«

In diesem Moment beginnt jedoch die makabre Reiterschar, auf den Platz vorzurücken, und plötzlich spürt der Anwalt eine Gefahr, ja eine Katastrophe nahen. Ihm ist auf einmal, als kündigten seine Anwesenheit hier bei Ginevra und die seiner Frau drüben bei Guidobaldo eine tragische Lösung des Dramas für beide an. Er richtet das Fernglas auf den Balkon des Circolo degli Uniti (und meint fast, eine Hand hinüberzustrecken über die wogende Menge) und sieht Valeria, die ihrerseits ein Fernglas in seine Richtung hält, als schaute sie zu ihm her, während er zu ihr hinschaut.

Ihre Augen (oder ihre Herzen? ihre Seelen?) begegnen einander, und ihn überkommt eine jähe Rührung. Vielleicht ist noch nicht alles verloren, denkt er mit einem Kloß im Hals, vielleicht kann sich alles noch gütlich wenden. Die Mutter meiner Kinder. Meine Lebensgefährtin. Warum habe ich zugelassen, daß wir so auseinandergerissen wurden, jeder verbohrt in seine absurde Geschichte? Und was habe ich getan, um uns da herauszuziehen? Nichts. Ich habe es laufen lassen. Ich habe abwartend zugesehen. Und jetzt...

In den fernen Linsen, die ihn fixieren, glaubt er einen stummen Vorwurf zu lesen.

In den fernen Linsen, die sie fixieren, glaubt Valeria einen stummen Vorwurf zu lesen.

Armer Enzo, denkt sie. Der Vater meiner Kinder. Mein Lebensgefährte. Und ich bin hier sorglos am

Flirten, am Glänzen, Brillieren, ohne mir was zu denken! Aber ist es denn schließlich meine Schuld, wenn er jetzt seine Midlife-Crisis hat, gerade jetzt, wo wir mal was anderes erleben, mal interessantere Leute treffen? Ist es meine Schuld, wenn er sich nicht amüsiert?

7

Der Filipino wollte ihr nachschenken, und Valeria wollte ihn daran hindern, als der stumme Vorwurf, den sie im Blick ihres Mannes las, die Sache entschied. Ach, er meint, ich trinke zuviel? Ausgerechnet er, der schon vor dem Essen so blau war, daß er nicht mehr allein auf die Beine kam? Sie ließ sich das Glas vollschenken und leerte es in einem Zug. Auf das Wohl des Moralisten!

Sie fühlte sich wieder groß in Form, glänzend, brillant. Alles hier glänzte: das Tafelsilber, die Schüsseln, die Gläser, die Augen der reizenden Gastgeber, die Gespräche (über den Palio: »Siena hat siebzehn Contraden...«), und so glänzte auch sie, warum nicht? Aber sie wußte, daß diese ihre flottierende Euphorie nicht vom Wein kam. Und woher dann? Vom Biß des Jockeys Puddu (nicht dem ins Ohr, dem anderen), hätte Enzo mit größter Wahrscheinlichkeit (95%) geantwortet, Enzo, der König der Statistiken. Aber das Ganze hatte schon vorher, schon lange vorher angefangen, sich aufzubauen und aufzustauen. Der Biß (der andere) war bloß der äußere Anlaß gewesen, der Funke, jawohl. Eine etwas gewagte Version des Dornröschenkusses.

Die neue Valeria (die immer noch ohne Schlüpfer war und sich von diesem heimlichen indezenten Mangel nicht im mindesten stören ließ) erregte Valeria und machte ihr etwas bange. Lassen wir sie mal machen, sagte sie sich, und sehen wir mal, wie weit sie kommt. Schließlich gibt es immer noch diese dritte Valeria, diese ganz nüchterne, distanzierte, objektive Valeria, die sich jeder kleinsten Nuance bewußt bleibt und alles unter Kontrolle behält (wie sie jedenfalls hofft).

»Entschuldigen Sie meine Unwissenheit, aber warum heißt er eigentlich so?« fragte sie Guidobaldo mit lebhaftem Interesse. »Woher kommt der Name Palio?«

Es war Ascanio, der ihr präzise antwortete.

»Von lateinisch *pallium*, was ursprünglich Tuch oder Umhang hieß und später dann auch die Bedeutung Fahne, Standarte bekam. Und tatsächlich erhält der Sieger als Preis eine bunte Standarte, die ...«

»Aber die muß ja uralt sein!«

»Nein, jedes Jahr wird ein anderer Künstler beauftragt, eine ...«

»Ein anderer Stümper«, fiel ihm Ginevra ins Wort, »der einen Mischmasch aus der Madonna und den Symbolen der teilnehmenden Contraden zusammenbraut, mal eher ›traditionell‹, mal eher ›modern‹ und jedesmal scheußlicher.«

Niemand widersprach ihr. Sie war die einzige in der Runde, die sich unverhüllt abweisend gab. Sie redete wenig, aber immer in arrogantem Ton und leicht angewidert, als spuckte sie kleine Insekten aus. Während die beiden Männer von einer sanften, einnehmenden, selbstverständlichen, kurzum: perfekten Höflichkeit waren. Richtige Gentlemen, ganz wie der Ausdruck besagte: noble Männer. Obwohl auch die Frau des Hauses, Elisabetta, eine echte Dame war (mit Händen wie aus einem alten Gemälde und einem achteckigen Saphir in antiker Weißgoldfassung, zu dem die drei Valerias immer wieder gern hinschielten).

Und sogar Puddu, auch Backenkneifer genannt, der mit seinen Füßchen andauernd unter dem Tisch ihre Beine bekrabbelte und dabei schamlos grinste, hatte nichts Schreckliches mehr; im Gegenteil, seine Unverschämtheit, seine launische Vulgarität amüsierte Valeria. Er war mehr ein harmloser Clown als ein Lustmolch. Die anderen behandelten ihn mit Nachsicht, lachten höflich über seine zotigen Sprüche und Witze (drei davon hatte er schon erzählt, darunter zwei »mit Bart«), aber es war klar, daß sie ihn nur aus komplizierten Gründen im Zusammenhang mit dem Palio ertrugen.

Er sollte anscheinend, soweit sie verstand, das Pferd der Panther-Contrade reiten, zu der jedoch keiner der Anwesenden gehörte (Guidobaldo und Elisabetta gehörten zur Welle, Ascanio zur Gans, das Mädchen zur Selva). Aber wieso behielten sie ihn dann hier als verhätschelten und zugleich peinlichen Gast? Um den Panther-Leuten einen Gefallen zu tun? Nein, denn wie sich später durch Enzos pingelige Fragen herausstellte, waren die Pferde zwar den diversen Contraden schon zugeteilt worden (heute morgen, durch Losentscheid), aber die Jockeys konnten bis kurz vor dem Rennen noch wechseln. Also war es vielleicht umgekehrt, und sie wollten den berühmten Puddu, den »König der Jockeys«, der Panther-Contrade abspenstig machen: ihn überreden, für eine ihrer Contraden zu reiten, oder vielleicht auch für eine andere, wer weiß.

Außer auf sein (angeblich) enormes Glied machte

das Männchen dauernd obszöne Anspielungen auf gewisse enorme Summen, die ihm verschiedene Contraden für seine Dienste und seine »Scherze« gezahlt hätten, und diese »Scherze« waren, soweit Valeria verstand, anscheinend lauter unverhohlene Schurkereien, auch wenn keiner der Anwesenden sich darüber entrüstet zeigte. Im Gegenteil, es schien geradezu, als ob genau dies des Jockeys meistbewunderte Fähigkeit war: im letzten Moment die Farbe zu wechseln, für eine Contrade zu reiten (und zu verlieren), nachdem er sich unterderhand an eine andere Contrade verkauft hatte, sein Pferd am Start oder vor dem Ziel zurückzuhalten, die anderen Jockeys zu behindern oder nervös zu machen, sich mehreren Contraden gleichzeitig anzubieten, sein Wort zu brechen, zu lügen und zu betrügen. Ein richtiges Schwein.

»Torcicollo, der Halsumdreher«, schrie Puddu gerade, »ist ein Scheißdreck! Ich bin bereit, ihm jederzeit zehn, fünfzig Meter Vorsprung zu geben, auf nur einer Runde und mit jedem Pferd, das er will ...«

Der Haß auf diesen Torcicollo, einen Rivalen, der offenbar noch ein größeres Schwein war, hatte (im Verein mit dem vielen Wein) ihn puterrot anlaufen lassen. Aber gleichzeitig drückte er unter dem Tisch andauernd Valerias Schenkel.

»Puddu, Sie haben da ein bißchen Soße auf dem Kinn«, sagte Ginevra und zeigte über den Tisch. »Da.«

Er schien nicht recht zu wissen, ob er sich beleidigt oder dankbar zeigen sollte.

»Ah!« begnügte er sich zu grunzen und fuhr sich mit der Serviette über das halbe Gesicht. Dann schnipste er nach dem Filipino und ließ sich erneut sein Glas vollschenken. Die anderen lächelten nachsichtig.

Als Jockey mußte er allerdings schon verdammt gut sein, überlegte Valeria, wenn sie ihn so verwöhnten. Wer weiß, wie weit sie in ihrer Willfährigkeit gingen, um seine bizarren Duodezfürstenansprüche zu erfüllen. Ließen sich auch Elisabetta und das Mädchen von diesem famosen Backenkneifer in den Po beißen (oder gar noch mehr)? Gehörte es etwa zu den traditionellen Pflichten gegenüber der eigenen Contrade, mit dem Jockey ins Bett zu gehen? Oder war das womöglich gar eine unter den Damen von Siena umkämpfte Ehre (zumal wenn das Dingsda von diesem Puddu effektiv so...)?

Der Besitzer des betreffenden Dingsda hatte etwas zu ihr gesagt.

»Pardon, was haben Sie gesagt?«

»Ich hab Sie gefragt, ob Sie auch reiten.«

»Nein.«

»Schade für Ihren Mann«, feixte der Gnom. »Und für Sie auch, Sie sind doch noch 'ne ganz nette Stute.«

Er musterte sie mit Kennerblick.

»Ohne Sattel geritten, könnten Sie tolle Rennen liefern, das sagt Ihnen der Backenkneifer!«

Alle lachten höflich, und Valeria (schockiert-empört und zugleich überlegen-leutselig) erkundigte sich mit glänzender Unbefangenheit über die Pferde des Palio: Ah, man nimmt also keine Vollblüter? Nein, weil auf so einer Piste, da braucht man stabilere Beine. Und wie wählt man sie aus? Na ja, die Züchter bringen die Pferde zur Auslosung, die heute morgen auf der Piazza war, da hat die Kommission zehn ausgewählt, die zehn durchschnittlich gleich guten (Enzo: Ah, interessant!), ja, die zu hochgezüchteten und die zu schwerfälligen werden ausgeschieden, und natürlich auch die mit Fehlern (Enzo: Aber sie werden doch wohl gegen Sturz und Unfall versichert sein, denke ich mir.). Na ja, und dann, nach der Auslosung, kommen die Probeläufe, aber der erste, der von heute abend, der ist schon ins Wasser gefallen, wegen dem Unwetter, na, und morgen, wer weiß, ob morgen die beiden Probeläufe stattfinden können, das hängt ganz davon ab, wie der Boden beschaffen sein wird, nach all dem Regen, und dann ...

Valeria schlug die Hände zusammen.

»Oh, wissen Sie, als wir ankamen, haben wir ganz wunderschöne Pferde im Regen gesehen.«

Ein lebhafter Blickwechsel ging um den Tisch, dann senkten alle die Augen auf ihre Teller, und über die Runde legte sich ein totales Schweigen wie eine letzte, abschließende Schraubendrehung.

Wieso, was habe ich denn gesagt? dachte Valeria (ich habe zuviel getrunken, Enzo hat recht).

»Pferde?«, fragte Ascanio vorsichtig. »Wo?«

»Hier ganz in der Nähe«, sagte sie eingeschüchtert. »Unten an einem Hang.«

»Mit Reitern?«

»Nein, es schien sogar ... wir ... wir dachten, es wären wilde Pferde.«

»Und wie viele waren es?«

»Ich weiß nicht, ein kleiner Trupp, der im Regen über den Hang galoppierte. Waren es denn nicht Ihre?«

»Nein«, sagte Elisabetta. »Die Villa hat zwar Stallungen, aber im Moment sind sie leer.«

»Dann werden es die von meinem Bruder gewesen sein, drüben auf Le Rombaie«, meinte Valeria mit einem hilfesuchenden Blick zu ihrem Mann.

Mit einem Schlag erschienen ihr diese reizenden Gastgeber fremd, unverständlich. Sie glänzten nicht mehr, und auch ihr eigener Glanz war erloschen. Als man sich wieder in die Bibliothek begab, um den Kaffee zu trinken (nein danke, dann kann ich nicht schlafen), bat sie darum, noch mal einen Anruf bei Paolino versuchen zu dürfen, und der Filipino begleitete sie zu dem Apparat in der Halle, wo er sie allein ließ.

Sie nahm den Hörer ab, horchte ein paar Sekunden ins Nichts, begann trotzdem die Nummer zu wählen und gab es mittendrin auf. Die Filipina, die im selben Moment vorbeikam, lächelte ohne stehenzubleiben und machte ihr mit Zeige- und Mittelfinger ein Zeichen: das Zeichen einer schneidenden Schere.

Bin ich wirklich verliebt? fragt sich Valeria, während sie Guidobaldos Profil betrachtet, auf dem Balkon des Circolo degli Uniti, auch Adelscasino genannt. Wäre ich bereit, alles für ihn zu tun? Meinen Mann und die Kinder zu verlassen, zu stehlen, mir die Haare abzuschneiden, auf den Strich zu gehen in den Hafengassen von, was weiß ich, Neapel, Barcelona?

Die Aussicht auf solche Entwicklungen macht ihr Herzklopfen, obwohl sie weiß, daß es kaum soweit kommen wird. Doch in Wahrheit sind es die Fragen selbst, die sie erregen – sie, die sich in all den Ehejahren nur manchmal flüchtig gefragt hat, ob es nicht besser gewesen wäre, den kleinen Carlo zu heiraten, der jetzt Chefarzt im städtischen Krankenhaus von Legnano ist.

Fragen, seit drei Tagen hört sie nicht auf, sich Fragen zu stellen. Aber die großen Probleme, Selbsterforschungen, Krisen hat sie jetzt beschlossen, ihrem Mann zu überlassen. Der sich in diesem Moment womöglich vorwirft, daß er nicht an ihrer Seite ist, um seine Frau zu verteidigen (vor allem gegen sie selbst) und sie zurückzugewinnen – obwohl er noch immer dort drüben an jenem Fenster steht mit diesem minderjährigen Flittchen im Arm.

»Was ist eigentlich los? Was bedeutet das alles?« hat er sie gestern abend mit ernster, elegischer Miene gefragt. Aber dann hat er ihr nicht mal erklären können, ob er sie beide meinte oder sich mit seiner Ginevra und sie mit ihrem Guidobaldo oder noch etwas anderes. Er hat nur gesagt, die ganze Sache (aber welche Sache?) erschiene ihm »in einem falschen Licht«.

Valeria zuckt rückblickend die Achseln und überläßt sich wieder, ergibt sich wieder (ihr kommt kein aktives Verb in den Sinn) dem bunten Schauspiel, das ihr aus dem abgerundeten Vieleck der Piazza entgegenschlägt. Ihre Augen lassen sich von den Farben überwältigen, überfluten, saugen sie auf, trinken sie, lauter begehrenswerte Farben, von den grellsten bis zu den zartesten, lauter Farben zum Anziehen und zum Aufbewahren in einer endlosen, kaleidoskopischen Garderobe. Nie im Leben, nicht mal bei ihrem ersten Theaterbesuch als kleines Mädchen, hat sie ein so magisches Gefühl des Eintauchens und Vergessens empfunden. Valeria existiert nicht mehr, ihr Herz schlägt im feierlich-langsamen Rhythmus der Trommeln, ihr Blut fließt und stockt und fließt wieder je nach dem Schreiten und Anhalten der »Komparsen«, und in ihrem Kopf, der so blau und so leer wie der Himmel ist, fliegen die Banner der siebzehn Contraden – Giraffe, Gans, Welle, Wölfin, Muschel... Muschel... (ach, das Gedächtnis!).

Unten in der Casato-Kurve sind jetzt Ritter in Rüstungen mit gesenkten Visieren erschienen, auf schwarz verhüllten Pferden. Das müssen die Toten Contraden sein, von denen Ascanio gesprochen hat. Acht sind es.

Oder sechs? Viper, Eiche, Uhu (Uhu?), Löwe, Bär, Panther (nein, die Panther-Contrade ist noch lebendig), Adler... Ach was soll's?

Diese überbordende Vielfalt, denkt Valeria hingerissen, ist ein Bild des Lebens, wie das Leben sein sollte. Freude am Wechsel der Farben, Rausch im Sichtreibenlassen von einem Gefühl zum anderen, von einer Erregung zur anderen. Während das Schlimme bei Männern wie Enzo eben ist (niemand leugnet seine Verdienste, seine Ernsthaftigkeit, seine Solidität als Gatte und Vater), daß sie sich nie gehenlassen, sich immer in der Kontrolle behalten. Keine Flexibilität, null Bereitschaft, immer nur Vorsicht und Mißtrauen gegenüber allem und jedem. Und eine krankhafte (jawohl, krankhafte) Scheu vor dem Unerwarteten, eine neurotische Angst vor dem kleinsten Schrittchen ins Unbekannte. Kein Wunder, daß sie dann, wenn die Umstände sie mal aus ihrem stillen

Winkel reißen, sich nicht mehr zurechtfinden, sich krümmen und winden, um die Realität der Fakten zu leugnen, und schließlich voll durchdrehen.

Valeria mustert skeptisch das Profil des doch so faszinierenden Guidobaldo und fragt sich (Fragen, Fragen...), ob die Männer nicht *alle* so sind, ob sie nicht alle diesen behäbigen, seßhaften feigen Grundzug haben. Nimm bloß mal ihren exemplarischen Helden, Odysseus, den sie dir immer als Muster an kühner Abenteuerlust vorhalten: Haha, von wegen, genau besehen ist er einer, der alles nur widerstrebend macht, der nichts anderes im Kopf hat, als rasch nach Hause zu kommen, um sich vors Feuer zu setzen und das Ganze zu vergessen. Die Frau ist es, die sich regt, jawohl, Puddu hat ganz recht, der harmlose kleine Backenkneifer: *La donna è mobile...*

»Da!« verkündet jetzt Guidobaldo mit dramatischer Geste. »Da kommt er!«

Eine ohrenbetäubende Ovation begrüßt den Einzug eines offenen Karrens, den vier weiße Rinder mit langen Hörnern ziehen. Ein Trupp kostümierter Gestalten sitzt darauf, und in ihrer Mitte erhebt sich ein hoher Mast, an dessen Spitze der Palio (von lat. *pallium* oder nach anderen Gelehrten *palmarium*) wie ein Gehenkter baumelt.

8

Nach der Einladung zum Essen kam die Einladung, über Nacht zu bleiben. Es war spät geworden, die Straßen waren unpassierbar und voller Schlamm, die Reisenden waren erschöpft, und zwei Betten waren gerichtet, ja, für die Freunde aus Rom (aha, also ein Paar), die aber nicht gekommen waren.

Die alte Valeria hätte nie akzeptiert. Errötend und stammelnd hätte sie irgendwelche durchsichtigen Entschuldigungen und Ausreden vorgebracht und ihren Mann mit flehenden Blicken gebeten, sie aus der peinlichen Lage zu retten. Die neue Valeria akzeptierte sofort: Bevor Enzo ablehnen konnte, gestand sie, tatsächlich sehr müde zu sein und überhaupt keine Lust zu haben, sich jetzt noch ans Steuer zu setzen, wo doch ihr Mann nur ungern nachts fahre usw. Er widersprach ihr im übrigen gar nicht, er war fast eingeschlafen in seinem Sessel, erschlafft vom Verdauen, vom zweiten Whisky (nach den beiden ersten vor dem Essen und nach dem Wein) und von der Wärme des Feuers. Schon länger hatte er aufgehört mit seinen pingeligen Fragen über den Palio.

»Na gut, danke, sehr gern«, schloß Valeria und tat, als unterdrückte sie ein Gähnen, das ihr dann aber buchstäblich unter der Hand entfuhr.

Während der Filipino hinausgeschickt wurde, um ihr Gepäck zu holen, verabschiedeten sich die beiden Männer mit Handkuß und der König der Jockeys mit lässigem Winken, ohne sich zu erheben (hatte er ihren

Po schon vergessen?). Elisabetta begleitete sie nach oben in ihre Zimmer.

Ihre Zimmer, im Plural (aha, also war es doch kein Paar), auf verschiedenen Stockwerken und mit zwei verschiedenen Einzelbetten.

»Na prima, um so besser«, freute sich Valeria. »In Wirklichkeit schläft man viel besser allein.«

Ihre kecke, abenteuerlustige Stimmung erstaunte sie selber ein bißchen, aber sie fing schon an, sich daran zu gewöhnen, sie schlüpfte hinein wie in einen Handschuh.

Es folgten Erklärungen über Bäder, Treppen, Flure, Bettdecken, und als die Koffer eintrafen, ließ die Hausherrin sie allein.

»Wirklich sympathische Leute«, sagte Valeria leise in einem emphatischen Flüsterton, während sie nach Enzos Necessaire suchte, das irgendwo in der braunen Tasche sein mußte. »Wirklich ganz *reizende* Leute!«

»Findest du?«

»Ja, und von einer umwerfenden Gastlichkeit. Entschuldige, aber sie hätten uns sehr gut nach einer halben Stunde höflich vor die Tür setzen können, niemand hat sie gezwungen ...«

»Eben. Wieso tun sie das alles?«

»Was meinst du damit? Was soll das heißen?«

Enzo, der sich bisher geweigert hatte, auf ihren konspirativen Ton einzugehen, senkte jetzt gleichfalls die Stimme.

»Ich weiß nicht, aber sie überzeugen mich nicht.«

»Na, du hättest ja schließlich nein sagen können, irgendeine Ausrede erfinden!«

»Es ist das Ganze, was mich nicht überzeugt. Zum Beispiel die Tatsache, daß die Villa immer noch isoliert ist, daß das Telefon...«

»Aber wo sie doch sagen, daß die Leitung dauernd gestört ist, alle naselang!«

»Möglich. Aber auch dieser Jockey gefällt mir gar nicht, du hast ja persönlich Bekanntschaft mit ihm gemacht.«

Valeria lächelte amüsiert. Der Biß dieses Männchens hatte den armen Enzo offenbar viel mehr schockiert als sie.

»Ihnen gefällt er auch nicht, das sieht man doch«, erklärte sie geduldig. »Es ist doch klar, daß sie ihn bloß wegen irgendwelcher Palio-Geschichten hier haben; außerdem ist er vielleicht etwas komisch, aber ganz harmlos.«

»Schließ dich lieber ein, für alle Fälle.«

»Sag mal, du spinnst wohl! Was phantasierst du dir da zusammen? Das Spukschloß? Die Nacht des Schreckens?«

Er sah sich um, ohne zu antworten, aber schließlich mußte er gähnen.

»Und sieh gut nach, ob nicht auch hier irgendwo eine Geheimtür ist«, schloß er.

Dann nahm er sein Necessaire (das weiß der Teufel wieso im großen Koffer gelandet war) und sein übriges Nachtzeug und verzog sich.

Wenn er so beunruhigt ist, dachte Valeria, hätte er ja auch bei mir bleiben können, oder es mir wenigstens vorschlagen, wenigstens eine Geste machen. Aber nein, in Wirklichkeit, dachte sie weiter, als sie ihr Zimmer zu inspizieren begann, in Wirklichkeit bin ich es, die ihn beunruhigt: Er erkennt mich nicht wieder, mich, die neue Valeria, die ihm entgleitet, ihm Angst macht, und deswegen versucht er, mir Angst zu machen. Er hofft, seine alte Valeria wiederzufinden, die biedere, brave, schüchterne, die sich von einem bißchen Hagel erschrecken ließ. Haha!

Das Zimmer hätte nicht wohnlicher sein können, obwohl es recht groß und eine Spur zu voll war. Auch hier gab es einen Kamin (diesmal ohne Feuer), darüber ein großes Ölbild mit zwei kleinen Mädchen in weißen Spitzenkleidchen (19. Jh.), und man spürte, daß jedes Gemälde, jeder Druck, jedes Möbelstück (lauter echte Antiquitäten), jede Vase und jede Nippesfigur eine eigene Geschichte hatte, eine kuriose oder pathetische. Die weichen, verhangenen Lichter erinnerten an die Jahrhunderte ohne Elektrizität (nicht mitgezählt, daß auf dem tollen Intarsien-Nachttischchen in einem komischen Messingfrosch eine Kerze stand), und sogar der Geruch des Zimmers suggerierte ein reiches Erbe an Gewohnheiten, Traditionen, abgelagertem Wohlstand aus uralten Zeiten.

Valeria zog die Schubladen einer fabelhaften Kommode auf (leer), öffnete ein sensationelles Eckschränkchen aus Nußbaumholz (leer), einen phantastischen Kleiderschrank mit aufgemalten Blumen- und Früchte-Stilleben (leer), und sie fand sogar eine fast unsichtbare zweiflügelige Tapetentür, die sie lächelnd aufriß – natürlich nur eine Wandkammer und kein Geheimgang. Trotzdem hielt sie es schließlich doch für besser, sich einzuschließen, dieser schamlose Jockey war imstande ... (aber angenommen, statt dessen erschiene der faszinierende Guidobaldo ...).

Das Fenster ging auf die Hügel hinter der Villa, die stellenweise im Mondlicht lagen. Der große runde, fast volle Mond schien mühelos durch graue neblige Wolkenfetzen, und feuchte Gerüche von Erde und Wald und Ginster und Pinien stiegen zu ihr hinauf.

Die Landschaft war dieselbe, der Bauernhof mußte ganz in der Nähe sein, vielleicht die Lichter dort oben links, und doch fühlte sich Valeria wie in weiter Ferne, in einem anderen Land, einer anderen Welt. Wieso zum Beispiel hatte ihr Paolino nie vom Palio erzählt? War es möglich, daß er sich nicht dafür interessierte?

Eine Tür ging knarrend unter ihr auf, und sie beugte sich vor, um hinunterzusehen. Der schwarze Hund kam herausgeschossen und blieb wartend stehen. Es folgte eine Frauengestalt, die einen Moment lang nicht zu erkennen war (eine Wolke verhüllte gerade den Mond), aber dann entpuppte sie sich als die asiatische Hausdienerin. Sie redete leise mit dem Tier in einer unverständlichen Sprache (Philippinisch?), dann gingen beide zur Hausecke und verschwanden. Seltsame Leute, diese Domestiken. Undurchschaubar. Wie vorhin das Lächeln der Frau in der Halle. Was hatte es ausgedrückt: spöttisches Mitleid, Besorgnis, Warnung, Komplizenschaft? *Ihnen* hätte Enzo mißtrauen müssen, wenn schon jemandem hier!

Im Stockwerk über ihr wurde geräuschvoll ein Fenster geschlossen, vielleicht von Enzo, und in der nachfolgenden Stille schloß auch Valeria das ihre, lief rasch nochmal auf einen Sprung ins Bad hinüber (zwei Türen weiter) und schloß sich dann hinterher wieder sorgfältig ein, um wieder Besitz von dem schönen Zimmer zu nehmen, das sie bereits als das ihre empfand.

Sie hätte den Augenblick gerne verlängert, diese harmonische Einrichtung gerne noch länger genossen, sich an den eleganten kleinen Schreibtisch neben dem Fenster gesetzt und eine Tagebucheintragung oder vielleicht einen Brief geschrieben (»habe einen faszinierenden Mann kennengelernt und glaubc, daß ich ihm nicht ganz gleichgültig bin ...«).

Aber Tagebuch hatte sie nie geführt, und als Adressaten des Briefes kamen ihr bloß ihre Mutter und ihre Freundin Ornella in den Sinn, und beide waren irgendwie nicht sehr stimulierend.

Also dann noch ein bißchen schmökern! Lustvoll glitt sie zwischen die Laken (kleiner Schönheitsfehler: sie waren nicht aus Linnen und rochen nicht nach Lavendel, eher nach Waschpulver, nach demselben, würde sie sagen, das sie auch immer nahm) und holte sich die drei Bücher ins Bett, die auf dem unteren Absatz des Nachttischchens lagen. Eins davon war auf deutsch, eine Sprache, die Valeria so gut verstand wie das Philippinische, und zeigte hinten das unsympathische Gesicht der Autorin, einer Pseudoschönheit mit grauen Augen. Die anderen beiden waren ein *Kleines Handbuch über die Obstveredelung* und ein dicker Wälzer über die Religion der Etrusker mit tristen Schwarzweißtafeln und einer eingelegten Postkarte aus Kopenhagen.

Sie stand auf, um das Fenster wieder zu öffnen (nur

einen vorsichtigen Spalt, nicht mehr), sog tief und bewußt diese herrliche Balsamluft ein (ob's hier wohl Mücken gab?), legte sich wieder hin, massierte sich kurz die Pobacke, ohne etwas zu spüren, löschte das Licht und war fast gleich darauf eingeschlafen.

Doch in tiefer Nacht (wie sie anschließend an ihre Mutter oder an ihre Freundin Ornella hätte schreiben können) sollte durch ebendiesen unvorsichtigen Spalt der gräßlichste Laut hereindringen, den sie je im Leben vernommen hatte.

9

»Coca-Cola?«

»O ja, gern, danke!«

Valeria trinkt die eiskalte braune Flüssigkeit, und Guidobaldo, der dasselbe tut, gießt sich, angestoßen von einer Dame, die neben ihm steht, ein bißchen davon übers Hemd. Sofort zieht die Dame (ganz in Türkisblau) aus ihrer Handtasche (aus türkisblauem Stroh) ein Päckchen Kleenex hervor und versucht, das Desaster notdürftig zu beheben.

»O Gott wie furchtbar, wie peinlich!«

»Aber das macht doch nichts.«

»Voilà, mon cher, so geht's wieder, so siehst du wieder einigermaßen anständig aus.«

Die Dame stellt sich auf die Zehenspitzen, senkt die türkisblauen Lider und gibt ihm einen Kuß auf die Wange, als wäre er ein kleiner Junge, der sich beklekkert hat. Sie ist eine Freundin von ihm oder eine Verwandte, alle hier auf diesem Aristokratenbalkon sind es mehr oder weniger.

Trotzdem irritiert über die vertrauliche Geste, hätte Valeria gern mit einer noch intimeren Geste geantwortet, ihre Hand unter sein beflecktes Hemd geschoben und seine Brust gestreichelt. Aber auf diesem illustren Balkon, vor vierzig- bis fünfzigtausend Zuschauern, ist das undenkbar.

Hatte ich je den plötzlichen Drang, fährt es ihr durch den Kopf, meinem Mann die Brust zu streicheln?

Ganz ehrlich, ich kann mich nicht erinnern. (Aber auch er, mein Gott...)

Valeria spürt im ganzen Körper die zahllosen Gesten, die sie in den letzten Ehejahren hat unterdrükken müssen. Liebkosungen, Zärtlichkeiten, Umarmungen, wilde Küsse, Ausbrüche, die in ihr steckengeblieben sind und sie nun schmerzen wie Rheumabeschwerden. Einen Strand mit ihm entlanglaufen, Hand in Hand... sich nackt im Gras wälzen... durchtanzen bis zum Morgengrauen auf einer Piazza (San Babila oder Cordusio?), dazu Champagner trinken...

Andere machen so was. Aber Enzo hat immer nur die Achseln gezuckt, für ihn waren solche Sachen immer bloß unbequeme, alberne Kindereien. Und was ist das Ergebnis? Die Krise unserer Ehe, nicht mehr und nicht weniger! Klar, er will natürlich nichts davon hören, von Krise, er verweigert sogar die bloße Definition, er findet sie eine weitere alberne Kinderei, aus dem einfachen Grund, weil er faul ist, wie alle Männer seit Odysseus, faul und feige, jawohl, er hat Angst vor der Realität. Und das ist der Grund, warum er jetzt plötzlich alles falsch und irreal findet.

»Zigarette?« fragt Guidobaldo.

»O ja, gern, danke«, antwortet Valeria mit einem zugleich strahlenden und sinnlichen Lächeln.

In tiefer Nacht (wie sie an ihre Mutter oder an ihre Freundin Ornella hätte schreiben können) fuhr Valeria hoch wie von einer Tarantel gestochen, und tatsächlich hatte der Laut, der da unerträglich spitz und schrill durch die Stille drang, etwas Stechendes,

Schneidendes. Ein Schrei. Ein verzweifelter Todesschrei. Eine gellende Agonie inmitten der Nacht.

Aus dem Fenster war nichts zu sehen, der Mond war untergegangen, die Hügel lagen als massige dunkle Schatten vor dem kaum helleren, wieder bedeckten Himmel. Ein Lastwagenmotor brummte, auf seine Weise beruhigend, an einer Steigung irgendwo in der Ferne.

Was war das? fragte sich Valeria mit einer Gänsehaut bis an die Fußsohlen.

Ein Nachtvogel sicher. Ein Käuzchen. Oder vielleicht der Brunstschrei eines Wiesels oder Marders. Aber was wußte sie schon von Wieseln und Mardern? Eine Ratte eher. Ja, der Todesschrei einer großen Ratte, die plötzlich spürte, wie aus der schwarzen Weite des Himmels ein Käuzchen, ein Uhu lautlos, erbarmungslos über sie kam...

Mit einem Schauder schloß Valeria das Fenster, vergewisserte sich, daß die Tür gut verschlossen war (das Spukschloß, die Nacht des Schreckens...) und ging wieder ins Bett.

Aber sie war jetzt erregt, dieser gräßliche, tierische Schrei hatte sie mit Entsetzen erfüllt und folglich mit Adrenalin. Um sich zu beruhigen, blätterte sie in dem Wälzer über die Religion der Etrusker, las Seiten und Seiten über die Leberschau, über die Deutung guter und böser Vorzeichen, über gewisse heilige Bücher, sogenannte *Tagetici* und *Vegonici*, über den Totenkult. Es gab massenhaft Särge mit daraufliegenden steinernen Ehepaaren, die längst alle Krisen hinter sich hatten. Es gab auch jede Menge Symbole, unter anderem ein Hakenkreuz oder Sonnenrad...

Morgengeräusche weckten sie, Türenschlagen, Stimmen, eilige Schritte auf dem Flur. Es war fast sieben. Sie fühlte sich unausgeschlafen, ein bißchen verkatert, sie hatte ein leichtes Kopfweh.

Trotzdem wird es ein schöner Tag heute, munterte sie sich auf. Der faszinierende Guidobaldo würde ihr das Schloß und den Park zeigen, sie durch die Ställe und die Gewächshäuser führen, und dann würden sie sich zum Palio verabreden, sich in Siena wiedersehen ...

Sie sahen sich vor der Badtür wieder, als Valeria gerade hineinschlüpfen wollte. Er kam die Treppe heruntergelaufen, und im selben Moment erschien Ginevra aus einer Tür im Zwischenstock. Sie waren zum Glück auch beide im Morgenmantel, ungekämmt und verstört und offenbar sehr in Eile, sie grüßten kaum.

»Was ist denn los?«

»Nichts, nichts, bleiben Sie lieber in Ihrem Zimmer.«

Er lächelte kurz, mit abwesendem Blick.

»Ist jemandem was passiert?«

»Ja genau, ich erklär's Ihnen später.«

Sie eilten davon, und Valeria dachte unwillkürlich an den nächtlichen Schrei (ein böses Omen?) und an die etruskischen Leberbeschauer. Sie konnte sich nicht mehr genau erinnern, wie man zu Enzos Zimmer gelangte, aber sie lief rasch nach oben, probierte aufs Geratewohl ein paar Türen und erblickte schließlich sein Necessaire auf einer Kommode, seine Kleider auf einem Stuhl und sein zerwühltes Bett. Er selber war nicht zu sehen.

Mein Gott, dachte Valeria, und die Kehle schnürte sich ihr zusammen, mein Gott, und ich war es, die partout über Nacht hierbleiben wollte! Er hat's vorausgesehen, er hat gesagt, daß ihn dieser Ort nicht recht überzeugte... Ich blöde Gans! Jawohl, und noch blöder von mir, revoltierte sie innerlich, daß ich mich gleich so aufrege und mich glcich wieder schuldig fühle. Was soll ihm denn schon passiert sein? Sicher ist es der alte Ascanio, ja, er hat vielleicht einen Schwächeanfall gehabt, einen Herzinfarkt oder so was.

Entschlossen ging sie in die Halle hinunter, ohne jemandem zu begegnen, und suchte sich von Zimmer zu Zimmer den Weg in die Bibliothek.

Dort waren alle versammelt. Ascanio stand wohlauf an einer Glastür und blickte hinaus, in der Hand eine Zahnbürste; Elisabetta rauchte; Ginevra hockte im Schneidersitz auf dem Teppich; Enzo, in seinem neuen rotblauen seidenen Morgenmantel, beugte sich über eine Gestalt, die vor dem erloschenen, noch mit grauer Asche gefüllten Kamin lag. Es war Puddu, bekleidet mit einem dunklen Pullover, Jeans und Stiefeln. Er hielt sich eine Hand an die Kehle und fixierte die Allegorien der Decke mit weitaufgerissenen glasigen Augen.

10

Zwei Männer in weißen Kitteln kommen aus einer Seitengasse, laufen mit einer Tragbahre auf der Sandbahn bis zur Höhe einer Stelle, wo sich die Menge zu einem dichten Klumpen zusammenballt, stellen die Tragbahre auf den Sand, übersteigen die Absperrung und versuchen vergeblich, sich einen Weg durch die vierzig- bis fünfzigtausend stehenden Leiber zu bahnen, um einen liegenden aus ihrer Mitte zu holen.

Valeria bewundert die Ritter der Toten Contraden, ihre hochmütig-stolze Ungerührtheit, ihren Gleichmut. Keins ihrer Visiere dreht sich zur wimmelnden Masse, keins ihrer Pferde scheut oder hebt auch nur einen Huf, als Dutzende hochgereckter Arme jetzt einen Leib (es ist eine Frau) über die Köpfe weiterreichen, um ihn schließlich in die Arme der Bahrenträger zu legen.

»Die Ärmste, sie hat womöglich schon vier, fünf Stunden da in der Sonne gestanden«, sagt jemand hinter Valeria.

»Es liegt aber auch daran«, sagt jemand anders (eine Frauenstimme), »daß diese Leute vor dem Palio ganz un-ge-heu-re Mahlzeiten in sich reinstopfen. Sie glauben immer, essen und trinken macht sie stark und sie würden's dann besser ›überstehen‹...«

»Apropos«, sagt eine dritte, ironische Stimme, »hat jemand zufällig ein Digestivum dabei?«

»Frag mal Gregorio«, sagt die Frauenstimme, »der geht doch nie ohne sein Digesto-Blitz aus dem Haus.«

Valeria lächelt beim Gedanken an Enzo und seine neuerdings fixe Idee, überall Reklame zu sehen. Digesto-Blitz, wiederholt sie im stillen. Na und, was ist schon dabei?

Das erste einer, wie sich später herausstellen sollte, ganzen Reihe von Verhören nahm Dr. Lippi vor, ein junger Mann mit blondem Vollbart, der kurz danach auf einem Motorrad ankam. Im Moment allerdings erschien es Valeria nicht wie ein Verhör (in seiner superleichten Knautschvinyljacke mit dem Schriftzug YAMAHA auf dem Rücken wirkte der Doktor eher wie ein Mechaniker bei der Reparatur irgendeiner Panne).

Wann ist der Tote gefunden worden?

So gegen sieben.

Von wem?

Von dem Filipino, als er in die Bibliothek kam, um den Kamin zu reinigen.

Hat jemand die Leiche berührt, ihre Lage verändert?

Nein, bestimmt nicht.

Hatte der Jockey sich am Vorabend irgendwie unwohl gefühlt?

Nein.

Was hatte er gegessen, getrunken?

Na dies und das ... Aber sagen Sie, Doktor, woran ist er denn gestorben? An einem Kollaps, einem Infarkt?

Wortlos stand der Mechaniker auf, fragte nach dem Telefon (um seine Werkstatt anzurufen, sich ein Ersatzteil schicken zu lassen?), und Valeria ging, die

Augen abgewandt von dem verrenkten Hampelmann auf dem Fußboden, mit den anderen in einen Salon nebenan.

Kaffee (etwas dünn) für alle. Kommentare (voller Bestürzung) von allen Seiten. Wie furchtbar, wie gräßlich, nein also wie grau-en-haft, ganz un-glaublich undsoweiter. Der arme Kerl, wo er doch so kerngesund gewirkt hatte, so voller Kraft und Leben und soweiter. Aber das Herz! Oder eine Gehirnembolie! Oder jedenfalls irgendeine eine unvermutete innere Katastrophe. Es sei denn, er war schon lange krank und hat sich nicht darum gekümmert, aus Gleichgültigkeit oder Angeberei. Oder er wollte die Sache geheimhalten, um seine Arbeit nicht zu verlieren (würdest du einen Jockey engagieren, der Zucker hat oder Asthma?). Auf jeden Fall müßte sein Hausarzt (hatte er einen? wen?) einiges aufklären können, seine Familie... Ach ja, seine Familie! Was wußte man von ihr? Nicht viel, es gab ein paar Brüder, Schwestern... In Siena? Nein, auf dem Land draußen, irgendwo in der Macchia, es waren Sarden, sardische Hirten, ja, solche, wie sie damals vor fünfzehn bis zwanzig Jahren in die Toskana gekommen waren und sich nach und nach ein bißchen Land gekauft hatten, einen Hof... Alle miteinander verwandt und verschwägert. Und alle fleißig mit der Entführung von reichen Leuten beschäftigt? Nein, nein, übertreiben wir nicht, auch wenn vielleicht wirklich mal irgendein Vetter oder ein Onkel von ihm in so einen Prozeß verwickelt war, wegen Entführung und Mord... Auf jeden Fall müssen wir sie benachrichtigen, telefonisch oder persönlich. Vielleicht du, Ascanio? Oder du, Elisabetta?

Valeria hatte sich instinktiv in der Nähe ihres Mannes gehalten, abseits der Szene und froh darüber. Sie beide hatten nichts mit der Villa und ihren Bewohnern zu tun, schon gar nichts mit toten Jockeys und all den Verantwortlichkeiten und Scherereien. Zwei Reisende, die per Zufall hier reingeschneit waren. Vielen Dank für die reizende Gastfreundschaft und alles Gute, wir wollen jetzt hier nicht länger stören.

Es gab nichts Glänzendes mehr zu sehen, nichts Faszinierendes, nichts Entzückendes mehr. Wie schnell doch der verlockendste Anschein erlöschen kann! Und Enzo, ihr Enzo (sie betrachtete ihn voller Respekt, ja voller Bewunderung) hatte es gewußt, er hatte es gleich am Abend begriffen. Sie schenkte ihm ein schuldbewußtes, reuiges Lächeln.

Doch er blieb ungerührt, starr. Undurchdringlich wie ein Filipino.

Oder wütend auf sie wegen dieser tragischen und fatalen Entwicklung. (Aber wie hätte ich ahnen können...?)

Oder vielleicht wartete er nur auf den passenden Moment, um sich dezent zu verabschieden. (Also wir werden jetzt so allmählich...)

Aber das Jetzt-so-allmählich kam nicht, während alle unentwegt weiter Zigaretten anzündeten und wieder ausdrückten, über den Magistrat der Contraden redeten, den man vielleicht würde avisieren müssen (eine Gerichtsbehörde, wie sich später herausstellte), über den Palio, über den Zustand der Piste, über die Probeläufe am heutigen 14. und am morgigen 15. August; und natürlich auch über das, was der Tod des Backenkneifers für die geheimen Pakte und Absprachen zwischen den Contraden bedeutete, und über Torcicollo, Puddus großen Rivalen, der jetzt ...

Ja, Enzo wartete sichtlich auf etwas, aber nicht (wie Valeria schließlich kapierte) auf eine Gelegenheit, sich zu verabschieden. Etwas anderes hielt ihn zurück (vielleicht diese gräßliche Göre mit ihrem rosigen Kindergesicht, das auch im hellsten Tageslicht kein winzigstes Fältchen aufwies, bloß zwei große schlaftrunkene Bambi-Augen?). Niemand hatte sich hingesetzt, alle liefen dauernd im Kreis herum wie in einer Drehtür, alle naselang steckte einer der vier den Kopf hinaus, vermutlich um nachzusehen, ob der Doktor irgendwas brauchte. Aber dann war er ja schon wieder in der Bibliothek! Schon zurück vom Telefonieren!

»Also ich werde jetzt so allmählich ...«, sagte Valeria in eine Pause hinein, »wenn das Telefon jetzt wieder funktioniert ...«

Ach ja, die beiden aus Mailand, las sie Elisabettas Gedanken, während diese den Kopf zu ihr drehte und sagte:

»Na sicher geht es jetzt wieder, auch wir haben einige Anrufe zu erledigen.«

»Bloß eine Minute«, versprach ihr Valeria, »und dann werden wir so allmählich ...«

Valerias Initiative rief allen ihre diversen Pflichten in Erinnerung (erstmal sich waschen, rasieren, anziehen ...), und geschäftig eilte die ganze Gesellschaft hinaus in die Halle, die auch bei Tag kaum heller war als in der Nacht, nur von schrägen, staubig-diesigen Sonnenstrahlen durchschnitten wie eine Krypta.

»Gut«, sagte Valeria, »also wir...«

Niemand (jedenfalls sie nicht) hatte den Wagen kommen und vor der Villa halten gehört, auch nicht die Schritte auf dem Kies vor der Loggia. Aber vielleicht hatte Enzo die beiden Gestalten erwartet, die plötzlich hinter der Glastür erschienen, vielleicht hatte er sie vorausgesehen, die Ankunft der beiden Carabinieri in ihren frischgebügelten Khakiuniformen mit weißem Schulterriemen, jedenfalls murmelte er, als sie eintraten:

»Na klar!«

Die immer noch nächtlich gekleidete Runde straffte sich unwillkürlich in ihren Pyjamas und Morgenmänteln, als der ältere Carabiniere mit den Rangabzeichen eines Maresciallo näher trat, salutierte, die Mütze abnahm, sich vorstellte und die Anwesenden höflich bat, vorläufig nicht den Ort zu verlassen. Er sagte wörtlich »den Ort«.

11

An welchem Ort mag heute jener wackere Gesetzeshüter wohl sein? fragt sich der Anwalt Maggioni an seinem Fenster. Vielleicht schwitzt und keucht er gerade durchs Macchiagestrüpp auf der Suche nach sardischen Hirten, die einen Industriellen entführt haben. Oder er sitzt gemütlich in seiner Wachstube und studiert eine Sportzeitung. Oder ist er womöglich hierher abkommandiert worden, zum Ordnungsdienst auf der Piazza?

Rings um die Sandbahn, auf der noch immer der Palio-Karren (alias Carroccio) langsam und majestätisch dahinzieht, stehen zahlreiche Carabinieri. Doch vergeblich schwenkt der Anwalt das Fernglas von Schulterriemen zu Schulterriemen, nirgends kann er die korpulente Gestalt und das breite sorgenvolle Gesicht des Maresciallo entdecken. Ein ehrlicher und bedächtiger Bürokrat, vor allem bemüht, nichts falsch zu machen; und dennoch fähig, Valeria total zu verstören, die sich gerade erst von ihrer aggressiven Verwegenheit am vorigen Abend erholt hatte und nun sofort zum Angstgewimmer einer verlorenen Seele überging: Was wird er mich fragen, was kann er mich fragen, was werde ich sagen, was kann ich sagen...? Aufgelöst vor der Amtsgewalt. Zitternd und zagend vor dem eiskalten Inquisitor.

Der Anwalt streichelt die Schulter Ginevras, dieser Kreatur (gleich welcher Spezies) von ganz anderem

Zuschnitt, von ganz anderem Aplomb. Im Grunde war es, überlegt er, genau die Ankunft der Polizei gewesen, die ihm die Augen geöffnet hatte (und das Herz). Der Maresciallo als Cupido.

Alle standen wie Ölgötzen da im Zwielicht der Halle, und sie war es, diese zarte Gestalt (Hindin? Fohlen? Gazelle?) in einem keuschen weißen Pyjama, die dann entschlossen die Lage in die Hand nahm. Sie führte die Carabinieri in die Bibliothek, erkundigte sich, ob sie einen besonderen Raum zur Einvernahme der Zeugen brauchten, wählte zu diesem Zweck ein Nebenzimmer, das (offenbar nach dem Maler) der Sodoma-Salon genannt wurde, und schickte alle hinauf mit der Order, sich anzuziehen und in einer Viertelstunde wieder herunterzukommen.

»Energisch, die Kleine«, murmelte unwillkürlich der Anwalt Maggioni.

Säuerliche Grimasse seiner Frau.

»Spielt sich gern auf. Sieht aus wie ein Schupo mit diesem eingegipsten Unterarm.«

(Finde nie eine andere Frau schön, es sei denn, sie ist strohdumm! Finde nie eine andere tüchtig, es sei denn, sie ist potthäßlich!)

Doch als er sich dann in gehorsamer Eile rasierte, anzog und pünktlich hinunterging, um seine Frau abzuholen, machte der Anwalt sich klar, daß er selber zum Teil ein Opfer dieser Vorurteile geworden war. Traumhaft, gewiß, war ihm das Geschöpf am Abend zuvor erschienen; aber eben nur als ein Geschöpf, fern unter der verächtlichen, schweigsamen, muffligen Maske der Jugend. Strahlend, gewiß, aber ohne jede Beziehung zum Geschehen ringsum, zur düsteren

Atmosphäre des Regens, der Villa. Ein Zusatzelement, äußerst dekorativ und ganz ephemer, das spurlos über Nacht verschwinden konnte. Ein Traumgeschöpf, wenn es je eines gab.

Was machte sie überhaupt in dieser Villa, bei diesen Leuten? War sie vorübergehend zu Gast, war sie eine Verwandte? Und wieso hatte sie keine Freundin bei sich, keinen Freund, irgend jemanden in ihrem Alter? Oder war sie womöglich die wahre Hausherrin?

Valeria beteiligte sich nur zerstreut an diesen Spekulationen. Sie war noch nicht fertig, wie üblich, im Gegenteil, sie befand sich noch mitten in der Phase »Was soll ich anziehen, was kann ich anziehen?«, umgeben vom ganzen Inhalt ihrer zwei Koffer drunter und drüber auf Bett und Stühlen.

Aufgerufen, als Schiedsrichter zu fungieren, wahrte der Anwalt strikte Neutralität zwischen roten Jeans, die kaum zu dem traurigen Anlaß paßten, weißen Jeans, die zu eng waren, blauem Rock, der zerknautscht, grünem Rock, der aus der Mode war, und problematischen Kombinationen von Blusen und T-Shirts in allen Farben, Formen und Stoffen.

Er sah die Filipina aus der Hintertür kommen, in der einen Hand einen Napf, in der anderen eine Großpackung Hundekuchen (Puppy Chef), und er hörte das dankbare gierige Kauen des schwarzen Köters, der wie ein Pfeil herbeigeschossen war aus der dichten Macchia, die nur ein paar Meter weiter drüben in der Sonne begann.

»Muß ich ihm von dem Schrei erzählen?« fragte Valeria, während sie sich vorbeugte, um in den sandfarbenen Rock zu steigen. Sie hatte sich gerade zum zweiten Mal einen schwarzen BH ausgezogen, was (vielleicht) darauf hinwies, daß sie sich nun endgültig für eine helle Bluse mit entsprechendem weißen BH entscheiden wollte.

Aber der Anwalt entdeckte plötzlich in diesem fremden Zimmer, neben einem zerwühlten Bett, eine halbnackte Frau, vorgebeugt in einer intimen Geste, eilig und jäh erregend.

»He, was soll das, bist du verrückt?«

»Na komm schon, Valeria ...«

»Nicht mal im Traum! Was ist denn in dich gefahren!«

»Komm schon, mach!«

»Wirst du mich wohl loslassen! Jetzt ausgerechnet, wo unten die Carabinieri warten?«

»Was kümmern uns die Carabinieri, los, komm!«

»Hör auf mit dem Blödsinn, wenn ich sage, ich will nicht, dann will ich nicht!«

»Aber gestern wolltest du doch sogar ...«

»Ach laß mich in Ruhe! Außerdem ist es nicht gerade sehr geschmackvoll, nach dem, was mit diesem armen Kerlchen passiert ist.«

Die erregende Frau, die sich schließlich aus den Armen des Anwalts befreite, wurde wieder Valeria mit ihren etwas schweren Brüsten und der vertrauten Orangenhaut an den Schenkeln.

»Muß ich ihm von dem Schrei erzählen?«

»Von welchem Schrei?«

Während sie sich anzog und mit ärgerlichen Bewegungen kämmte (die Feuchtigkeit am Vortag hatte das Werk des Friseurs zerstört), erzählte sie ihm von dem Schrei.

»Ich würde ihn nicht erwähnen, das scheint mir nicht nötig«, meinte der Anwalt. »Es war sicher nur ein Vogel. Oder eine Ratte.«

»Aber Puddu war heute nacht draußen. Seine Stiefel waren ganz schmutzig.«

»Das hat nichts zu sagen, er wird ein paar Schritte in den Park gegangen sein.«

»Und von dem Biß, muß ich von dem reden?«

»Aber nicht doch, um Gottes willen, ich bitte dich! Am besten, du schweigst und antwortest nur auf das, was man dich fragt.«

»Und was wird man mich fragen?«

»Hör zu, sag einfach die Wahrheit: daß wir ganz zufällig hier reingeschneit sind, daß wir weder den Jockey noch sonst irgendwen hier kannten und daß wir sobald wie möglich hier weg wollen.«

»Aber so einfach ist es nicht.«

»Valeria, bitte ...«

»Okay, okay. Gott, bin ich aufgeregt!«

Kühl, beherrscht und voll ruhiger Ironie war dagegen Ginevra, die sie in der Halle erwartete.

»Ascanio hat's hinter sich, jetzt ist Guidobaldo dran«, sagte sie munter. »Es ist wie beim Zahnarzt. Kommen Sie mit, ich bringe Sie ins Wartezimmer.«

Es war ein quadratischer Raum mit eckigen, exotisch wirkenden rötlichen Möbeln und alten Porträts an den Wänden.

»Gott, was für eine Geschichte!« sagte Valeria. »Ich bin ganz verschwitzt vor Aufregung.«

»Aber wieso denn, das ist doch nur eine Formalität«, erklärte Ginevra geduldig. »Bevor die Leiche weggebracht wird, müssen sie sich mehr oder weniger über das Vorgefallene informieren, auch wenn in Wirklichkeit gar nichts vorgefallen ist, wie ich ihnen schon erklärt habe.«

Sie eilte geschäftig hinaus in ihren gestreiften Bermudas, und der Anwalt stellte sich vor, wie sie in die Dinger hineinstieg: in der gleichen Haltung wie vorhin Valeria – und sie trug nicht mal einen BH!

Durch eine andere Tür trat Guidobaldo herein.

»Geh du zuerst«, sagte Valeria drängend.

Der Anwalt erhob sich, und während er auf dem Weg in den Sodoma-Salon war, hörte er den faszinierenden Stehgeiger die Melodie der Entschuldigungen für den traurigen Vorfall und seine lästigen Folgen anstimmen, die seine Frau sogleich mit kehligem Achwiesodenn und Aberdasmachtdochgarnichts zu begleiten begann.

Und doch, jene Formalitäten (Fragen und Antworten, die voraussehbar und vorausgesehen waren und die der wortkarge Maresciallo nicht einmal protokollieren ließ) hinterließen in ihm ein unangenehmes Gefühl von Pfuscherei, Unfertigkeit und Offengebliebenem. Er suchte an den Wänden nach etwas, das den Namen des Salons rechtfertigen könnte, sah aber nur Stiche, und es gab keine Deckenfresken. Vielleicht hatten sie ihn verkauft, ihren Sodoma. Oder bewahrten ihn in einem Safe der Bank des Monte dei Paschi di Siena auf.

»Können wir dann jetzt fahren, meine Frau und ich?«

»Wie meinen? Ah, sicher, ja.«

»Wir bleiben sowieso noch ein paar Tage hier in der Gegend. Wir sind auf Le Rombaie.«

»Ah, Le Rombaie. Sehr gut.«

»Kennen Sie es?«

»Ja, ein schönes Anwesen.«

»Jetzt haben sie dort auch Pferde, einen Reitstall.«

»Ah.«

Ein plötzlicher, unwiderstehlicher Drang, nicht unähnlich dem, der ihn kurz vorher dazu getrieben hatte, sich plötzlich (und lüstern) auf Valeria zu stürzen, ließ ihn eine Schachtel Pfefferminzbonbons aus der Tasche ziehen.

»Mögen Sie einen?«

»Danke, gern.«

Verlegenes Lächeln, während sie lutschten.

Dann erhob sich der Anwalt, ging wieder in das Zimmer mit den Porträts und fand es leer. Valeria und Guidobaldo waren hinausgegangen, vielleicht um Paolino anzurufen.

(*Paolino*, in seinem großkarierten Hemd: »Was ist denn passiert?«

Valeria: »Ach nichts, es geht uns bestens, aber es hat hier einen Zwischenfall gegeben, der uns ...«

Paolino: »Was für einen Zwischenfall?«

Valeria: »Das kann ich dir jetzt nicht erklären, es ist alles ein bißchen kompliziert, aber jedenfalls wir ...«

Paolino: »Und wann kommt ihr jetzt?«

Valeria: »Wir packen die Koffer, und spätestens in einer Stunde sind wir da. Schöne Grüße an alle.«

Paolino: »Okay, ich geh schon mal frische Eier aus dem Hühnerstall holen.«)

12

Spätestens in einer Stunde...

Aber sein Widerstreben, den »Ort« zu verlassen und sich nach Le Rombaie fortzubegeben, entsprang nicht so sehr der Aussicht auf frische Eier oder genuine Fliegen, überlegte der Anwalt. Da war vielmehr dieses dunkle Gefühl von Unruhe, Unzufriedenheit, Unfertigkeit, wie der dumpfe Ruf einer unerledigten Sache oder die Vorahnung einer Aufgabe, die ihm zufallen würde.

In der Villa herrschte jetzt Totenstille, gähnende Leere wie hinter Kulissen. Die Flure und Korridore lagen im Halbdunkel, aber die Zimmer, in die der Anwalt kurz reinschaute, um zu sehen, wo die anderen geblieben waren, hatten die Fenster weit offen, und das Sonnenlicht offenbarte unübersehbar ihren Staub, ihre Unbewohntheit.

Er öffnete eine Tür einen Spaltbreit und sah die Bibliothek. Der Doktor und Ginevra saßen schweigend vor dem Kamin. Zu ihren Füßen lag noch immer die Leiche, in derselben Stellung wie vorher, und doch irgendwie anders: schockierend wie in einer grausamen Zeitlupen-Wiederholung. Die schmutzigen Stiefelabsätze sprangen überdeutlich ins Auge. Der Reißverschluß an der Hose war halb aufgezogen. Der dunkle Pullover hatte auf dem Ärmel ein rundes Schildchen mit dem Markenzeichen des Herstellers.

Über diesen Details schloß der Anwalt leise die Tür und entfernte sich schuldbewußt.

Wieso schuldbewußt? fragte er sich. Er hatte doch nichts mit dieser Geschichte zu tun, und in spätestens einer Stunde würde er schon weit weg sein. Aber es kam ihm vor, als ob er die beiden in einer obszönen Haltung erwischt hätte; vielleicht war es auch der Tod, der ihm obszön vorkam; oder er schämte sich über seine prompte Rückzugsbereitschaft, seine Fluchtreaktion. War es hier, wo er hätte teilnehmen, eingreifen sollen? Aber wie? Und für wen, für was?

Ich gehe jetzt rauf und packe die Koffer, dachte er kurz entschlossen. Aber durch den Spalt einer anderen halboffenen Tür sah er den alten Ascanio, der schräg auf der Kante eines Billardtischs hockte und, das Kinn auf die Queue gestützt, die Position der über das grüne Tuch verteilten weißen und roten Kugeln studierte. Ihre Blicke begegneten sich, und der Alte grüßte ihn mit einem Kopfnicken.

»Wollen Sie eine Partie spielen?«

»Nein danke, ich spiele seit Jahren nicht mehr.«

Ascanio glitt von der Tischkante, beugte sich über das grüne Rechteck und stieß resolut eine Kugel. Andere Kugeln rollten hierhin und dahin, pock pock pock pock.

»Sind Sie schon beim Maresciallo gewesen?«

»Ja, und grad dachte ich, jetzt so allmählich ...«

»Sie wollen gehen?«

»Ja.«

(Pock pock pock)

»Nach Le Rombaie?«

»Genau.«

»Kann ich nur allzugut verstehen. Die Situation ist wirklich äußerst unangenehm, vor allem für zwei

Personen, die nicht das allergeringste mit ihr zu tun haben, die nichts wissen und nichts gehört haben. Auch wenn ...«

(Pock pock)

»... auch wenn ich fürchte, daß es noch nicht so bald zu Ende sein wird. Wahrscheinlich werden die anderen Sie noch einmal vorladen, wenn sie kommen. Haben Sie Ihre Adresse hinterlassen?«

»Welche anderen?«

»Nun, verstehen Sie, dies war ...«

(Pock pock pock pock)

»... nur eine Art erste Voruntersuchung. Dr. Lippi hat den Gerichtsarzt angefordert, und der Maresciallo erwartet einen Vorgesetzten oder einen Untersuchungsrichter aus Siena. Und die werden dann mehr wissen wollen, denke ich mir. Die werden uns alle nochmal verhören.«

»Aber worüber?«

(Pock)

»Na ja ...«

(Pock pock pock)

»... wie es scheint, haben sie den Eindruck, daß der Tod nicht ...«

(Pock)

»... daß er vielleicht kein natürlicher war, es scheint, daß am Hals zwei kleine Löcher entdeckt worden sind, zwei Einstiche oder so ...«

(Pock pock pock)

»... vielleicht bloß von einem Insekt oder vom Rasieren; aber vielleicht auch von einer Injektionsspritze. Also muß eine Autopsie gemacht werden, und inzwischen kann die Ermittlung ...«

»Aber man denkt doch wohl nicht an...«

»An Selbstmord zunächst mal, obwohl das nicht sehr wahrscheinlich ist, aber dann auch an Mord. Und wenn man bedenkt, daß Puddu...«

(Pock pock pock)

»...eben so war, wie er war, bekannt für seine, sagen wir: Unbefangenheit, immer bereit, sich dem Meistbietenden zu verkaufen, auch mehrmals bedroht und sogar zusammengeschlagen wegen irgendwelcher Palio-Geschichten, nun ja, dann kann man nicht ausschließen, daß er zum Beispiel gestern nacht das Haus verlassen hat, um in der Macchia...«

(Pock)

»...jemanden zu treffen, jemanden aus der einen oder anderen Contrade, um den soundsovielten seiner famosen ›Scherze‹ mit ihm zu machen. Und womöglich hat dieser Jemand entdeckt, daß er getäuscht worden ist, übers Ohr gehauen bei den Verhandlungen, und wollte ihm nun eine...«

(Pock pock pock pock pock)

»...definitive Lektion erteilen.«

Der Alte erhob sich mit der unmerklichen Genugtuung des erfolgsgewohnten Spielers, stellte die Queue ins Regal und rückte sich den seidenen Schal zurecht, den er um den Hals trug.

»Aber auch er...«, entfuhr es dem Anwalt beinahe wie ein Schrei.

Denn genau in diesem Moment war ihm noch ein anderes Detail eingefallen: Er sah die Leiche des Jokkeys plötzlich, wie in einer für ihn persönlich gemachten Zeitlupen-Wiederholung, exakt so vor Augen, wie sie ihm das erste Mal am Morgen erschienen war – ausgestreckt vor dem Kamin, die Augen weit aufgerissen, eine Hand an der Kehle und um den Hals einen seidenen Schal.

»Auch er hatte ...«

»Ja? Was?«

Ein zweites Detail fiel ihm ein, das wahre: Ein paar Minuten später, als Valeria dazugekommen war und alle bereits im Nebenzimmer aufgeregt diskutierten, hatte er von der Tür aus noch einen flüchtigen Blick auf die Leiche geworfen. Und da war der seidene Schal nicht mehr dagewesen. So wie er auch eben nicht dagewesen war.

Ascanio hatte die Queue wieder in die Hand genommen und stützte sich auf sie wie ein alter Krieger auf seine Lanze, wartend.

»Ach nichts, es war nur so eine Idee«, stammelte der Anwalt.

Er wußte, daß er rot geworden war, aber irgend etwas riet ihm zu schweigen und das Thema zu wechseln.

»Mögen Sie einen«, fragte er und zog die Bonbonschachtel aus der Tasche.

»Was sind das für welche? Ah, Scattomint, gern.«

Lutschend redeten sie über das Wetter. Der Hagel vom Vortag hatte schwere Ernteschäden in der Gegend zwischen Arezzo und Siena angerichtet, aber auch in anderen Teilen Italiens hatte es ausgedehnte Störungen gegeben. Jetzt schien die Lage auf der tyrrhenischen Seite wieder stabil, aber die Wolkenbildung tendierte ...

Räder knirschten auf dem Kies, dann klappten zwei Wagentüren.

»Da kommen sie schon«, sagte Ascanio.

Sie gingen ans Fenster, das zweitletzte an der Vorderseite, wie der Anwalt bemerkte. Auf dem Vorplatz hielt ein großer feierlich schwarzer Opel, aus dem zwei Männer in dunkelblauen Anzügen stiegen, beide mit luxuriösen Lederköfferchen in der Hand. Ein Chauffeur in fast ebenso dunkelblauer Uniform stand salutierend vor ihnen.

»Entschuldigen Sie mich einen Moment«, murmelte Ascanio und war im nächsten Moment verschwunden.

Der Anwalt versuchte sich zu orientieren, um nach oben zu gehen und Valeria zu sagen, daß es keinen Zweck mehr hatte, die Koffer zu packen. Außerdem war nun ein weiteres Telefonat (aber hatte es wirklich ein erstes gegeben?) mit Paolino fällig.

(*Paolino*, einen makrobiotischen Rotwein schlürfend: »Was denn für Komplikationen?«

Valeria: »Das kann ich dir jetzt nicht erklären, das ist eine ziemlich wirre Geschichte.«

Paolino: »Aber wann kommt ihr denn nun?«

Valeria: »Hör zu, ich weiß nicht, vielleicht am Abend, mal sehen, kommt ganz drauf an.«

Paolino: »Aber euch beiden geht's gut?«

Valeria: »Jaja, ganz prima. Wir erzählen euch alles mündlich. Ciao.«)

Ein Geruch von Angebranntem lag in der Luft, dem er von Tür zu Tür nachging bis zu einer Treppe, die zur Küche im Untergeschoß hinabführen mußte. Und tatsächlich stand da ein qualmender Toaster auf einem Marmortisch in einem großen muffigen und verwahrlosten Raum.

Aus einer Bogenöffnung in der rechten Wand, halb verdeckt von einem zerschlissenen Baumwollvorhang, drangen zischelnde, wütend fauchende Stimmen, und näher tretend überraschte der Anwalt die beiden Filipinos mitten in einem heftigen Streit: Der Mann stand drohend vorgebeugt, die Arme seitlich herunterhängend, aber die Hände zu Fäusten geballt, und vor ihm die etwas kleinere Frau, die eine Flut gezischelter Silben hervorsprudelte.

Kaum sahen sie ihn, verschwanden sie hinter süßestem Lächeln, rochen im selben Moment das Angebrannte, rannten wieselflink hin und stellten den Toaster ab.

»Kaffee? Tee?« fragten sie.

»Danke, Tee.«

»Oben?«

Skeptisch hinsichtlich ihrer Kenntnisse des Italienischen (hatte der Maresciallo sie schon verhört? und wie waren sie wohl miteinander klargekommen?) sowie auch hinsichtlich seiner eigenen Kenntnis der Villa optierte der Anwalt für das, was ihm momentan die einfachste Lösung zu sein schien:

»Hier«, sagte er und pochte mit dem Finger auf einen alten schmutzverkrusteten Tisch, auf dem bereits zwei Tabletts mit Tassen, Tellern und diversen Schälchen standen.

Schweigend stellten sie ihm ein anderes Tablett, eine Tasse und ein Teekännchen hin, dann entschwanden die beiden Domestiken jeder mit einem vollen Tablett und ließen den Anwalt allein.

Ein schwärzlicher Streifen, etwa einen Meter hoch, lief rings um die Küche über die Wände und alles einschließlich der Schränke, Regale, Stühle und Tische, mit Ausnahme einiger chrom- und stahlblitzender Küchengeräte und etlicher grellbunter Schachteln Kekse, Cornflakes und Waschmittel. Der Qualm aus dem Toaster verzog sich langsam. Langsam wanderte neben dem Spülstein eine doppelte Reihe Ameisen auf und nieder. Hier bräuchte es mal ein Insektizid, dachte der Anwalt mechanisch und sah sich nach der Spraydose um.

Diese niedrige Decke, diese lastende Stille, die greifbar wie abgelagerter Kaffeesatz wirkte, dieses trübe Licht, das wie schmutziges Öl durch zwei hochgelegene blinde Fensterchen eindrang, paßten gut zu der resignativen Stimmung, die ihn auf einmal erfaßte.

Was will ich eigentlich hier? fragte er sich, während er auf einen Stuhl sank.

13

Was wollte er eigentlich da?

Als erstes kam ihm Ginevra in den Sinn, doch gleich danach folgten andere ebenso absurde (oder plausible) »Erklärungen«. Die Filipinos: Er wollte das undurchsichtige Paar beobachten, das sicher mehr über Puddus Tod wußte. Aber er wollte auch seiner Contrade zum Sieg verhelfen (der Einwand »welcher Contrade, du hast keine Contrade« erschien ihm irrelevant). Und er wollte Valerias Techtelmechtel mit Guidobaldo verfolgen und nebenher selber eine Romanze mit dem Traumgeschöpf einfädeln. Er wollte mit Ascanio über Wolkenbildungen und Gewitterfronten diskutieren, an einem Podiumsgespräch über Ehekrisen teilnehmen, elektrische Küchengeräte inspizieren, Scattomint lutschen und lutschen lassen ...

Er fand sich mit dem Tablett in der Hand vor der Treppe wieder. Der schwarze Hund war gähnend aus einer Ecke gekommen (er mußte die ganze Zeit dort geschlafen haben) und ging mit würdevoller Langsamkeit vor ihm her die Stufen hinauf. Sie durchquerten das Erdgeschoß, ohne jemandem zu begegnen, erreichten die Eingangshalle, stiegen die breite Treppe hinauf, bogen nach rechts in einen Flur, den der Anwalt inzwischen kannte. Aber der Hund, der den Eindruck erweckte, als wollte und könnte er ihn zu seinem Zimmer führen, blieb plötzlich vor einer anderen Tür stehen und begann träge an ihr zu kratzen.

Eine weitere, vielleicht aufschlußreiche Entwicklung? Eine neue, womöglich interessante Episode? Doch wie sich entscheiden zwischen dem, was seine Aufmerksamkeit verdiente, ja seine Anteilnahme verlangte, und dem, was ihn nichts anging? Die ganze Villa schien ihm voller Alternativen, knisternd von kleinen, kaum merklichen Anregungen, kaum geflüsterten Suggestionen.

Er überwand seine schuldvolle Unentschlossenheit, drehte langsam den Türknopf, und der Hund schlüpfte in einen Raum, aus dem ein verzweifeltes Schluchzen drang.

Ja, Unentschlossenheit, Apathie, Gefühle der Lähmung, tote Momente überfielen den Anwalt öfter in diesen doch so turbulenten Tagen. Und sie überfallen ihn noch. Die fiebrige Atmosphäre des Palio, die inzwischen unmittelbare Nähe des Rennens packen ihn nicht so, wie sie sollten. Sogar der Historische Zug entgleitet ab und zu seiner Aufmerksamkeit, hier ein Stück, da ein Stück. Träge Pausen. Absencen, kaum berührt von Reflexionen über das Wetter oder vergeblich lockenden, schmeichelnden Bildern diverser Konsumprodukte. Die beharrliche Frage »Was will ich eigentlich hier«. Und immer wieder der plötzliche Drang, einfach aufzuhören, Schluß zu machen, alles fahren zu lassen.

Aber der Anwalt Maggioni hat in diesen Tagen auch angefangen, die verschiedenen Fäden der Verwicklung (der Verwicklungen?), die ihn umgarnen, zu unterscheiden. Rosa Fäden, rote, blaue, gelbe, schwarze ... Doch hin und wieder zerreißt das bunte

Gewebe, und dann zeigen sich graue Flächen mit weißen Punkten, die eine präzise Erinnerung in ihm wecken: die Erinnerung an die Windschutzscheibe im plötzlichen Prasseln des Hagels auf der Straße zwischen Arezzo und Siena. Das war der Moment gewesen, überlegt er, als alles begonnen hatte, da hätte er irgendwie reagieren müssen, die Richtung ändern, umkehren. Jetzt ist es zu spät.

Alle Contraden, die lebenden und die toten, sind jetzt unter seinem Fenster vorbeigezogen, auch der Ochsenkarren ist schon drüben unter Valerias Balkon angelangt, und die ersten Komparsen haben das Rund der Sandbahn bereits verlassen, um auf einer für sie reservierten Tribüne vor dem Palazzo Pubblico Platz zu nehmen.

Der Anwalt starrt auf den zerwühlten Sand der Piste, betrachtet die lange verworrene Spur, die der Zug hinterlassen hat, und ist auf einmal frappiert von der Ähnlichkeit dieses Platzes mit ... mit dem Markenzeichen von SHELL? Ja, durch ihre konvexe Form ähnelt die Piazza del Campo, wie alle Führer und Faltprospekte erklären, einer Muschel. Doch dieses leicht trapezoide Rechteck mit abgerundeten Ecken erinnert ihn auch an die Windschutzscheibe, an die er eben noch dachte und die ihn ihrerseits irgendwie an etwas anderes erinnerte, etwas, das wichtig sein könnte ... vielleicht entscheidend ... aber das ihm wieder entgleitet.

»Wie geht's?« fragt er Ginevra, um sich aus seinem Grübeln zu reißen.

»Gut.«

»Ist dir heiß?«

»Ein bißchen.«

Hinter ihnen ist von der Hitzewelle die Rede. Wie heiß es gestern in Rom war, in Edinburg, in Cortina, in Mailand: 29 Grad, 34 Grad. Hochdruck, Tiefdruck. Und vom Durst: Orangeade steigert ihn mehr, als daß sie ihn stillt, während Tonic Water...

Es hat keinen Zweck, denkt der Anwalt. Es gibt kein Entkommen.

»Gehen wir rein und setzen uns ein paar Minuten?« fragt er Ginevra.

Aber auch das ist nur ein vergeblicher Fluchtversuch, ein schwacher Vorwand, um einen Augenblick mit ihr allein zu sein und sie nicht bloß körperlich nahe zu fühlen, sondern auch das plötzliche *Klick* der Intimität von heute morgen wieder zu spüren, den spontanen Übergang zum Du, diese umwerfende Frische und Leichtigkeit in jedem Wort und in jeder Geste.

»Ist das dein Tee? Bringst du ihn deiner Frau?«

»Nein, der ist für mich.«

»Teilst du ihn mit mir?«

»Gern.«

»Gehen wir in mein Zimmer.«

Kaum war der Hund durch die Tür geschlüpft, war sie herausgekommen: aufgebracht, wütend.

»So eine Ziege, so eine blöde Kuh!«

Die blöde Kuh war Elisabetta, die den Tod ihres Liebhabers Puddu beweinte.

»Na so was!« sagte der Anwalt. »Im Ernst?«

»Wieso? Wundert dich das?«

»Ich weiß nicht. Nein, eigentlich nicht.«

Im Fundus seiner Erinnerungen an Klatschgeschichten oder Trivialromane fand sich schließlich auch dieses Klischee: ältliche Aristokratin mit lüsternem Jockey.

»Willst du wirklich nichts von meinem, äh, deinem Tee?«

»Nein, wirklich nicht. War sie denn in ihn verliebt?«

»Ach je, was ist Liebe?«

Eine scheinbar banale Frage, aber so gestellt abgrundtief. Verheerend.

Ginevras Bett war noch ungemacht, aber jeder Anflug einer Versuchung, in die der Anwalt hätte kommen können (und ehrlich gesagt gar nicht kam), wurde im Keim erstickt.

»Komm, hilf mir das Bett machen. Wenn ich warte, bis diese beiden dran denken...«

»Die Filipinos? Sind es eigentlich Filipinos?«

»Weiß nicht. Von irgendwo dorther.«

»Vorhin hab ich sie in der Küche bei einem wütenden Streit gesehen. Sind sie verheiratet?«

»Weiß nicht. Auf jeden Fall ist er sehr eifersüchtig, vorgestern hab ich gehört, wie er ihr eine schreckliche Szene gemacht hat wegen Puddu.«

»Ach, dann hatte Puddu auch mit der Filipina...«

»Mit allen. Er dachte überhaupt an nichts anderes, außer ans Geld und die Pferde. Die klassische Kompensation seiner Zwergenstatur.«

»Weißt du, daß sein Tod, wie es scheint... daß er vielleicht kein... natürlicher war?«

»Wer hat dir denn das gesagt? Nein warte, nicht so, zieh ein bißchen auf deiner Seite.«

»Ascanio. Er sagt, sie denken an Selbstmord.«

»Bei einem wie Puddu? Unsinn!«

»Oder vielleicht auch an Mord, wegen irgendwelcher Palio-Intrigen.«

»Noch so ein blühender Unsinn! Schlimmstenfalls kommt es bei denen mal zu 'ner Tracht Prügel, wenn ein Jockey zu frech wird oder sich allzu schweinisch benimmt.«

»Und wer hat dann gestern nacht in der Macchia auf ihn gewartet?«

»Was weiß ich, eine Frau, ein gehörnter Ehemann oder niemand. Was weiß ich? Am Ende ist gar nichts gewesen, nach meiner Meinung ist das Ganze bloß eine Erfindung von diesem Doktor. Ein tüchtiger Junge, aber von einer tödlichen Ernsthaftigkeit, weißt du, die Sorte, die im Fernsehen Reklame für Zahnpasta macht.«

Ein jähes Gefühl der Erleichterung ließ dem Anwalt bewußt werden, daß er bis zu diesem Moment auf den jungen Doktor ein bißchen eifersüchtig gewesen war.

»Na, jedenfalls ist jetzt der Gerichtsarzt da«, sagte er. »Vielleicht sieht der etwas klarer.«

»Wann ist er gekommen?«

»Vor einer halben Stunde, zusammen mit dem Untersuchungsrichter. Hast du den schwarzen Opel nicht gesehen, auf dem Vorplatz draußen?«

»Ach so, nein, das sind Ranieri und Salimbeni gewesen, unsere Freunde aus Rom, die wir gestern abend erwartet hatten, die beiden, die euch ihre Zimmer abgetreten haben, sozusagen. Fertig, das wär's.«

Ginevra strich noch ein letztes Fältchen auf dem

makellos weißen Bettbezug glatt und richtete sich wieder auf.

»Danke für deine Hilfe, allein hätte ich's mit dem Gips da nicht hingekriegt, dieses Bett ist schon wirklich absurd.«

»Du machst das ganz toll. Wo hast du das gelernt?«

»Na, im Internat. Meine Eltern haben sich scheiden lassen, und keiner von beiden wollte die Last mit mir haben, sie mußten sich um ihre jeweiligen Affären kümmern.«

»Ist das hier dein Zimmer? Schläfst du hier immer?«

»Mal hier, mal woanders, wie's gerade kommt, je nachdem, welche Gäste da sind. Ich hab auch schon oft in deinem Bett geschlafen.«

»Brauchst du es jetzt? Müssen wir unsere Zimmer räumen?«

»Nein, Ranieri und Salimbeni haben wir in einem anderen Teil der Villa untergebracht.«

»Wem gehört eigentlich die Villa?«

»Das ist zu umständlich zu erklären, ein komplizierter Erbschaftsstreit zwischen Geschwistern, Neffen, Enkeln und Onkeln, ein ewiges Hin- und Hergezerre.«

Sie blickte prüfend im Zimmer umher, das außer dem hochbeinigen breiten Eisenbett mit weißem Musselinhimmel eine Anzahl englischer »Schiffsmöbel« mit glänzenden Messingbeschlägen und Griffen enthielt sowie eine große Psyche in wurmstichigem Rahmen.

»Okay, gehen wir«, sagte sie und nahm das Tablett. »Das bringe ich runter. Ich hab einen Haufen zu tun heute morgen, zu allem Überfluß ist auch noch die Spülmaschine kaputtgegangen... Du bist okay, ja? Oder brauchst du noch was?«

Dich, dachte der Anwalt impulsiv, aber er sagte: »Nein, danke.«

»Gut, dann bis später, du kannst hier überall rumgehen, wo du willst, laß dich nur ab und zu blicken, falls es was Neues gibt. Ich hoffe, bis zum Mittagessen ist alles vorbei.«

Ich nicht, dachte er und sagte: »Na, dann werd ich erstmal meine Frau suchen gehen.«

»Die hab ich vor kurzem mit Guidobaldo gesehen«, sagte Ginevra. »Sie schnäbelten gerade unten am Teich.«

Sprach's, reckte den Schnabel über das Tablett vor ihrer Brust und gab dem Anwalt ein Küßchen auf die Wange.

Am Teich, dachte der Anwalt, als er euphorisch und alarmiert aus der Villa trat. Da schau her!

Der schwarze Opel war nicht mehr da.

An was denn für einem Teich? Er ging mit knirschenden Schritten über den Kies bis zur Balustrade und blickte hinunter. Da war ein Park im italienischen Stil mit abgestuften Terrassen, er sah das Oval eines Brunnens ohne Wasser, geschmückt mit Najaden und Delphinen, die in der Sonne glühten. Weiter unten links kamen Bäume und Büsche, immer ungeordneter, ungepflegter, bis sie sich mit der Macchia vermischten, und dazwischen war die Straße zu sehen, die sich in Kehren den Hang hinaufwand. Aber nirgends ein Teich.

Rechts ging das Gelände ein wenig sanfter hinunter, abwechselnd über Buckel und grasige Flächen mit Ahorngrüppchen, hin und wieder ein paar Zypressen. Von einer Rotunde mit einer grauen steinernen Göttin und einer halbkreisförmigen steinernen Bank gelangte man in einen grünen Tunnel, der sich endlos zu einer waldigen Niederung schlängelte. Dort irgendwo mußte der Teich sein.

Was tue ich, gehe ich hin? überlegte der Anwalt.

Ginevra hatte vielleicht übertrieben oder metaphorisch gesprochen. Mit »schnäbeln« hatte sie zweifellos eine vertrauliche Haltung gemeint, Hand in Hand und Auge in Auge. Aber so eine Szene war das letzte, was der Anwalt zu sehen wünschte, fast würde er seine Frau dann lieber in einer eindeutig pornographischen Szene erwischen, den sandfarbenen Rock hochgezogen und Guidobaldo keuchend über ihr. Auf jeden Fall würde ihm eine unschöne Rolle zufallen, als Störenfried, gehörnter Ehemann oder Voyeur.

Lassen wir's lieber, dachte er.

Andererseits saß oben im Sodoma-Salon der Maresciallo, und der Untersuchungsrichter oder wer es auch sein mochte war im Anmarsch, und Valeria war noch nicht vernommen worden. Es konnte Ärger geben, sie mußte ihre Aussage machen, so marginal sie auch war, die Ermittlungen mußten ordnungsgemäß vonstatten gehen.

Er machte sich ohne Hast auf den Weg in der Hoffnung, daß es der richtige war, und kurz darauf begegnete er einem alten Gärtner mit Spaten über der Schulter, der ihn ehrerbietig grüßte, indem er den abgetragenen Strohhut zog.

»Geht's hier zum Teich?«

»Da unten hinter den Bäumen«, sagte der Alte und wies mit dem Daumen hinter sich.

Soll ich ihn fragen, ob er die beiden gesehen hat? überlegte der Anwalt.

Aber er hob nur die Augen zum Himmel und sagte: »Die Sonne fängt an zu stechen, was?«

»Tja, aber ich hab's für heute geschafft, bin schon seit fünf auf den Beinen«, sagte der Alte und wischte sich den Schweiß von der Stirn. »Jetzt geh ich nach Hause und mach mir 'ne schöne Tasse Nescafé, und dann ...«

»Tüchtig, tüchtig!« unterbrach ihn der Anwalt.

Schon wieder so ein Klischee: eine knorrige Bauerngestalt, die ganz danach aussah, als wollte sie ihm die Vorzüge einer Cornflakes-Marke oder Toastbrotsorte anpreisen – oder vielleicht auch, in Anbetracht ihrer Bartstoppeln, die Qualitäten eines Elektrorasierers.

Entschlossen schritt er in den grünen Tunnel hinein, wo unter dichten Glyzinienblütentrauben ein Licht wie in einem Aquarium herrschte: der ideale, ja geradezu obligatorische Rahmen für eine Reflexion über Themen wie »Was ist Liebe und was ist keine«, »Mein Leben hier und mein Leben da«.

Tatsächlich schimmerte weiter unten am Ende des suggestiven Blätter- und Blütentunnels ein kleiner Teich mit dazugehörigem murmelnden Bächlein, das auf der einen Seite hinein- und auf der anderen hinausfloß. Und am grasigen Ufer saßen die beiden: er aufrecht, den Rücken an den Stamm einer Weide gelehnt, sie hingestreckt, den Kopf vertraulich auf seinen Knien und eine Blume, bei Gott, eine Feldblume in der Hand.

Der Anwalt erstarrte in der eisigen Vorahnung dessen, was jeden Moment geschehen konnte – und was dann auch unweigerlich geschah. Er schloß die Augen, als Valeria schmachtend den Arm hob, um mit der Blume das Arschgesicht zu liebkosen.

14

Ginevra ist ans Fenster zurückgekehrt.

In der Toilette, wo der Anwalt sich schnell mal die Hände gewaschen und das Gesicht erfrischt hat, mustert er sich im Spiegel. Er ist ein bißchen erstaunt, auf einmal – statt Fahnen, Reitern, Gedränge, Palästen und Himmel – ein simples Menschengesicht zu sehen, das eigene. Ist das alles? fragt er sich verwundert.

Nicht daß er dieses Gesicht besonders schön oder häßlich fände, weder sympathisch noch unsympathisch; er weiß nur nicht recht, wie er's nehmen soll. An Kinn und Backen zeigt sich ein erster Schatten von Abendstoppeln (man müßte noch mal mit dem Elektrorasierer drübergehen), die Mailänder Blässe ist noch kaum angekratzt von der toskanischen Sonne (man bräuchte ein bißchen was von Valerias Sonnenbraun-Creme).

Dieses Gesicht war es also, das Valeria erstaunt am Ufer des Teiches erkannte. Der Anwalt erinnert sich an den bestürzten Blick seiner Frau. Doch erst jetzt vor diesem Spiegel wird ihm klar, was hinter ihrem jähen Erbleichen steckte: nicht Schuldbewußtsein, Scham, Feindseligkeit oder Verlegenheit, sondern die Verblüffung dessen, der sich unversehens auf einmal wieder im Alltag befindet, im gewöhnlichen Leben, abgestürzt von den Höhen des Regenbogens in die Niederungen einer banalen U-Bahn-Station: Hauptbahnhof, Domplatz, San Babila...

Als sie dieses Gesicht unter den hängenden Zweigen der Weide auftauchen sah, muß auch sie gedacht haben: Ist das alles?

In der Toilette des Circolo degli Uniti, die sie nicht ohne Mühe schließlich gefunden hat, prüft Valeria ihr Make-up, das unter der Hitze und dem Schweiß ein wenig gelitten hat. Aber es ist eine rein mechanische Prüfung. Die ständige Sorge (bin ich schön, hübsch, häßlich, gewöhnlich, gräßlich, passabel?) ist verschwunden. Seit jenem kleinen Spaziergang durch den Glyzinientunnel zum Teich hat sie die Gewißheit, faszinierend zu sein. Mit einem Lächeln (das ihr der Spiegel als bezaubernd verbürgt) ruft sie sich die Perfektion der ganzen Sequenz in Erinnerung: die goldenen und smaragdenen Lichtreflexe zwischen den violetten Blütentrauben, die erste unwillkürliche (unwillkürliche?) Berührung der Fingerspitzen, die Hand von ihm auf ihrem nackten Arm, dieselbe Hand auf ihrer Schulter, dann um ihre Taille, ihr Köpfchen an seiner Schulter, das Säuseln seines Atems in ihrem Haar und das unbeschreibliche Erschauern, das zarte und keusche Küßchen auf die Stirn, gefolgt von einem (weniger zarten und keuschen) Kuß auf die Lippen...

Und diese herrlich duftende Luft, das Gesumm der Insekten, das Zwitschern der Vögel, das Glitzern des Teiches... Ja, es war die vollendete Perfektion. Das Höchste. Nein wirklich, es fehlten nicht mal die Seerosen!

Und dann auf einmal erschien da mittendrin so ein vergessener Ehemann, ein aus dem Gedächtnis getilgter, fossilisierter, nie gehabter! Was ihr als erstes wie ein Blitz ins Auge gesprungen war, sie erinnert sich ganz genau, war der fehlende Knopf (»und dabei hätte ich geschworen, ihn vor der Abreise angenäht zu haben!«) an der rechten Brusttasche seines Sporthemds.

Alle drei hatten sie, überlegte Valeria später, eine untadelige Haltung gewahrt. Sicher, im ersten Moment war sie etwas baff gewesen, baff in dem Sinne, daß ihr bei Enzos Erscheinen der Satz durch den Kopf gefahren war: »Ach je, wo tue ich *den* jetzt hin?« Mehr verwirrt als verlegen. Wie wenn man in einem Supermarkt an der Kasse steht mit einer Packung Spaghetti in der Hand, die nicht mehr in die Tasche reingeht.

Sie hatte sich aufgerichtet, die Ellenbogen ins Gras gestützt, und blinzelnd gefragt:

»Suchst du mich?«

»Nein, das heißt, ich... der Maresciallo...«, stammelte er, fast rührend in seiner Verlegenheit.

Wieviel stilvoller, eleganter und unbefangener war dagegen die Reaktion Guidobaldos, der nur einen Blick auf seine wasserdichte Rolex warf und erschrocken ausrief:

»Mein Gott, wie die Zeit vergeht!«

Mit einer einzigen federnden Sportlerbewegung sprang er auf, reichte ihr die Hand und half ihr auf die Beine.

»Ich muß mich sputen«, erklärte er Enzo mit einem taktvollen Lächeln. »Wir sehen uns später.«

Ihr küßte er die Hand, und seine Lippen verweilten

dabei genau jenen kurzen, winzigen Augenblick, der den ganzen Unterschied zwischen Vergangenheit und Zukunft, Leben und Tod ausmachte.

Valeria seufzte glücklich, schob lieb ihren Arm unter den ihres Mannes und zog ihn mit sich zu einem kleinen Gang um den Teich.

»Weißt du, daß es da drin uralte Karpfen gibt?«

»Ach wirklich?«

Er wirkte ein bißchen niedergeschlagen, aber was konnte man schon verlangen. Sie fühlte, daß sie ihn noch genauso mochte wie vorher, ja in gewissem Sinne noch mehr als vorher, aber solche Dinge sind für einen Mann – einen Ehemann – schwer zu begreifen. Vielleicht hatte er sich zu einer Haltung gezwungen, die ein bißchen über seine Kräfte ging, vielleicht hätte er sie mit Ohrfeigen und Guidobaldo mit Fäusten traktieren sollen (oder es wenigstens mal versuchen) und dabei Sachen schreien wie »Das ist meine Frau« oder so. Das hätte ihn entspannt und beruhigt.

Aber jetzt, nachdem die Gelegenheit zu einer heftigen und befreienden Szene verpaßt war, blieb ihr nur noch die offene Aussprache.

»Hör zu, zwischen mir und Baldo ...«

»Und kann man die auch angeln?«

»Was? Ach, du meinst die Karpfen. Na ja, ich weiß nicht, jedenfalls, was ich dir sagen wollte, mit Baldo ist mir etwas ...«

»Leider sind sie nur so voller Gräten ...«

»Ich wollte dir nur sagen, egal was passiert, du bleibst für mich ...«

»Ob wir auf diesem Weg wohl wieder nach oben kommen?«

Es war klar, er wollte nicht darüber sprechen. Er hatte sich für einen dritten Weg entschieden: zu schweigen, die Sache zu ignorieren, zu tun, als ob nichts gewesen wäre.

Er wird doch nicht etwa, fragte sie sich und sah ihn argwöhnisch von der Seite an, den Weg des einverstandenen Hahnreis gehen?

Nein, unmöglich, er war allenfalls der verständnisvolle Gatte, der seinen Kummer mit Würde trägt und wartet, daß die Krise vorübergeht, überzeugt, daß seine Frau schlußendlich trotz allem zu ihm zurückkehren wird. Es gab auch die Möglichkeit, daß er der nobel sportive Gatte war, der sich entschieden hat, die Regel »Sieg dem Besseren« zu respektieren. Oder dachte er etwa an eine trübe *ménage à trois*?

In derlei vielfach verschlungene Hypothesen vertieft ging Valeria neben Enzo den Weg hinauf, ohne groß auf die Hypothesen zu achten, die er unterdessen über den Tod des Jockeys vortrug.

»Und du meinst, der Schal war verschwunden?« fragte sie leicht verwundert.

Aber sie wußte gar nicht, von welchem Schal überhaupt die Rede war, genausowenig wie sie kapiert hatte, was Ascanio andeuten wollte und was die beiden Filipinos damit zu tun hatten. Wirres Zeug ohne jedes Interesse.

Ihr Interesse erwachte erst, als sie von der schluchzenden Elisabetta hörte.

»Sie Puddus Geliebte? Wer hat dir denn das erzählt?«

»Ginevra.«

»Aber sie war doch immer in Ascanio verliebt!«

»Wer, Ginevra?«

»Nein, Elisabetta. Sie sind sogar schon mal zusammen auf und davon.«

»Wer hat dir denn das erzählt?«

»Baldo.«

Sie erzählte ihm die Geschichte: Elisabettas Vater war ein Cousin von Ascanio gewesen, und so war sie in gewissem Sinn seine Nichte. Mit zwölf hatte sie sich in ihn verknallt, aber er war schon verheiratet, und zwar mit einer Witwe, nämlich der Mutter von Guidobaldo, der dadurch als Sohn ihres ersten Mannes der Stiefsohn von Ascanio geworden war. Elisabetta hatte dann aus Verzweiflung einen sehr jungen Bruder der Mutter von Guidobaldo geheiratet und war auf diese Weise zu seiner Schwägerin geworden; aber die Ehe war gleich zu Beginn in die Brüche gegangen, weil der Mann, also der Onkel von Guidobaldo, sich Hals über Kopf in eine geschiedene jüngere Schwester des ersten Mannes von Guidobaldos Mutter, also des Vaters von Guidobaldo, verknallt hatte und mit ihr durchgebrannt war. Aus dieser Verbindung war dann Ginevra hervorgegangen, und so war Elisabetta für sie jetzt...

Enzo schüttelte unwillig den Kopf.

»Verstehe immer nur Bahnhof!«

»Na hör mal, das ist doch ganz einfach: Wenn der erste Mann von Baldos Mutter ein Schwager der...«

»Interessiert mich nicht. Ist mir scheißegal!«

15

Valeria war sich nicht gleich im klaren über die Krise ihres Mannes. Seine Schroffheit und Aggressivität, dachte sie, als sie mit ihm zur Villa hinaufging, kamen sicher aus einer verständlichen Eifersucht. Durch seine Gesprächsverweigerung wollte er sie bestrafen, sie ausschließen.

Doch kurz darauf, als sie dann alle gemeinsam Reissalat von Papptellern aßen, kamen ihr Zweifel an der Zulänglichkeit dieser Erklärung. Im Speisesaal war eine Art Indoor-Picknick improvisiert worden (das zugleich etwas von einer Totenwache hatte) zur Verköstigung der zusammengewürfelten Gruppe von Ärzten, Ermittlern und anderen Unbekannten, die wegen des toten Puddu gekommen waren, dessen Leiche zum Glück inzwischen eine Ambulanz fortgeschafft hatte.

Guidobaldo war nicht da, er hatte dringend nach Siena fahren müssen wegen irgendwelcher Palio-Geschichten, erklärte Ascanio. Der Filipino, Elisabetta und Ginevra versorgten die Gäste mit kaltem Fleisch und Rührei, dazu gab es Wasser und Wein. Enzo stand mit dem Rücken an eine Wand gelehnt und stocherte scheinbar lustlos in seinem Teller herum.

Aber Valeria überraschte ihn, als er gerade einen flüchtigen und, wie ihr jedenfalls schien, begehrlichen Blick auf Ginevra warf.

Aha, dachte sie, die Kleine interessiert ihn, na klar.

Nur warf er dann zwei Minuten später den gleichen Blick auf Ascanio. Dann auf Elisabetta. Dann auf den Filipino. Dann wieder auf Ginevra, auf den Staatsanwalt und nacheinander auf alle im Raum. Einen Blick, der weder flüchtig noch schuldbewußt war, wie Valeria schließlich erkannte, sondern scharf und lauernd, blitzschnell wie der Schnabelhieb eines Vogels. Es war, als überwachte Enzo die Runde, als erwartete er von jemandem oder von etwas ... eine Geste, ein Zeichen?

Was zum Teufel hatte er bloß?

Ihre Blicke trafen sich, und Enzo kam langsam mit seinem Pappteller in der Hand zu ihr.

»Diese beiden«, raunte er mit Verschwörermiene.

»Wer?«

»Diese Freunde von ihnen aus Rom, die heute morgen gekommen sind, die eben grad noch neben dir standen.«

»Ach, du meinst Ranieri und Salimbeni. Ja, sie leben in Rom, aber sie sind auch aus Siena. Was ist mit ihnen?«

»Hast du gehört, was sie sagten, wovon sie gesprochen haben?«

»Von Politik, glaube ich. Von einer Delegation in Brüssel, von irgendwelchen Änderungsanträgen, ich weiß nicht. Ach ja, und von einer parlamentarischen Kommission. Solche Sachen. Wieso?«

Enzo nickte bloß stumm.

»Du langweilst dich, was?« flüsterte sie, seine Reaktion mißverstehend. »Sicher, auch die Gespräche der anderen sind nicht gerade sehr anregend, sie reden bloß immer vom Wetter, von der Hitze und von den Waldbränden ... Aber schließlich, wo dieser arme Jockey doch eben erst gerade ...«

»Die Geschichte mit dem Jockey ist eine Sache, aber es gibt da noch andere«, murmelte Enzo und studierte intensiv seine Fingernägel. »Zum Beispiel diese Familiengeschichte, die du mir vorhin erzählen wolltest.«

»Ich denke, die interessiert dich nicht.«

»Genau.«

»Na schön, hör zu«, sagte sie, »ich geh jedenfalls jetzt rauf in mein Zimmer, leg mich ein Stündchen hin, wasch mir die Haare ...«

Enzo warf seinen lauernden Blick auch auf sie.

»Aha! Und mit welchem Shampoo?«

»Aber Enzo ... natürlich wie immer mit Softy-Softy! Das nehm ich doch schon seit zwei Jahren, du hast es auch schon ein paarmal benutzt.«

»Ah ja«, sagte Enzo, »natürlich.«

Nachdenklich ging er davon mit der Miene des Kunden, der im stillen die Einkaufssumme nachrechnet, während er aus der Metzgerei tritt.

Er behielt diese Grübelmiene während des ganzen restlichen Tages.

Sie machte ein paar Versuche, ihn aus seiner Isolation zu reißen, diese Wand aus Ungeduld und Indifferenz zu durchstoßen, diese Mauer aus wachsamem Schweigen und stiller, zustimmend nickender Zwiesprache mit sich selbst.

Sie versuchte erneut, mit ihm über Baldo zu sprechen, aber er war anscheinend wirklich nicht interessiert oder mit den Gedanken ganz woanders.

Vielleicht war er in diese Krise geraten, weil er jetzt ihre Ehekrise mit Händen zu greifen begann? Aber nein, er wies das Thema ärgerlich ab.

Dann war es vielleicht das Mädchen, das ihn so bedrückte?

»Das ist es nicht«, sagte er kopfschüttelnd. »Das mit Ginevra muß noch eine andere Geschichte sein.«

»Was für eine Geschichte? Was meinst du damit?«

»Hm... Weiß ich noch nicht. Mal sehen...«

Am späten Nachmittag traf sie ihn wieder, diesmal in dem exotischen Raum mit den alten Porträts, der als Wartezimmer zum Sodoma-Salon fungierte. Sie kam gerade von ihrem Gespräch mit dem Staatsanwalt und fand ihn da sitzen auf einem dieser bizarr geformten roten Stühle, wie er die beiden größten Porträts an der Wand gegenüber studierte. Aber kaum daß sie ihm zu erklären begann, wer die Person auf dem rechten Bild war (einer von Ascanios Ahnen, aber aus einem Seitenzweig der Familie, der Adoptivvater einer verwaisten Nichte seiner...), winkte er schroff ab.

»Weißt du«, erzählte sie trotzdem in der Hoffnung, sein Interesse zu wecken, »er war nämlich ein großer Jäger, er hat diese ganzen Möbel hier aus Indien mitgebracht, er ging immer auf Tigerjagd in Bengalen, ja, und natürlich in Afrika auf Safari, um Löwen zu jagen und Elefanten und so. Aber seine Frau, die anscheinend sehr schön war, fühlte sich vernachlässigt und nahm sich schließlich einen Liebhaber, und da...«

»Und da hat er die beiden mit einer Jagdflinte umgelegt?« fragte Enzo ganz ohne Ironie.

»Nein, Unsinn, es gab einen Skandal, aber dann ist sie ...«

Er drehte den Kopf abrupt zu dem linken Porträt, das eine Dame im Galakleid zeigte.

»Und die da, wer ist die? Eine tragisch gestorbene Ahnfrau, deren Gespenst in der Villa umgeht?«

»Nein, das ist Violante von Bayern, eine deutsche Prinzessin, die Regentin von Siena war. Sie hat das Edikt von 1729 erlassen, in dem die Grenzen der siebzehn Contraden festgelegt worden sind, mit den entspre...«

»Gut, gut, hab schon verstanden«, winkte er ab und war schon wieder in weiter Ferne.

Nervös und argwöhnisch. Aber weswegen? Hatte er irgendeinen Verdacht im Zusammenhang mit dem Tod des Jockeys? War's das, was ihm auf dem Magen lag? Sie begann, ihm von ihrem Gespräch mit dem Staatsanwalt zu erzählen, aber er fiel ihr gleich wieder ins Wort.

»Hat er von der Camorra gesprochen?«

»Nein, wieso, was hat die damit zu tun? Er lebt seit Jahren in Siena.«

»Och, ich dachte nur, weil er doch aus Neapel ist... Hat er dir zufällig den Hof gemacht?«

»Davon hab ich nichts gemerkt.«

Er ließ ein langes, beredtes Schweigen eintreten.

»Enzo, ich verstehe dich nicht, was ist los mit dir, was geht dir durch den Kopf? Willst du dich mir nicht anvertrauen? Schließlich bin ich doch ...«

Er hob eine Hand.

»Ich weiß, du bist meine Frau, die Gefährtin meines Lebens, ich muß dir vertrauen, du mußt mir vertrauen, wir müssen einander vertrauen, etceterapepe...«

»Was meinst du mit etceterapepe?«

»Die üblichen Dinge, die üblichen Phrasen. Und jetzt wirst du natürlich gleich losheulen.«

»Enzo, ich bitte dich, red doch nicht so!«

»Enzo, ich bitte dich, red doch nicht so!« echote er, aber mit einem nachdenklichen Seufzer, ohne Boshaftigkeit, ohne jeden Sarkasmus. Es war, als ob er die Ohren spitzte, um auf etwas zu horchen, ein Geräusch zu erkennen, einen Ton. Um etwas zu *konstatieren*.

Noch nie hatte ihn Valeria so fern empfunden, so... unerreichbar, und jetzt war ihr wirklich zum Heulen.

Im selben Moment erschien draußen am Fenster die Büste von Guidobaldo: ganz nah, ganz leicht zu erreichen. Und mit einem Schlag vergaß Valeria alle Unruhe, alle Unsicherheit und alles Unverstandensein.

»Bist du zurück?« hauchte sie.

»Ja.«

Ihre Blicke verschmolzen wie zwei gegeneinandergerichtete Sprays im Zwielicht der Abenddämmerung.

Enzo sagte noch etwas Unklares über ein rosiges Wölkchen, aber sie hörte gar nicht mehr hin.

16

Ein rosiges Wölkchen krönt die Torre del Mangia, als Valeria aus der Toilette auf den Balkon zurückkehrt, und alle Flächen der Piazza – Gemäuer, Gewänder, Gesichter – färben sich langsam in jener zarten Abendtönung.

Zur Ungewißheit des Rennens kommt nun also noch eine erste, womöglich ebenfalls kalkulierte und vorausgesehene Ungewißheit des Lichts hinzu, wird der arme Enzo jetzt bestimmt wieder denken.

Den ganzen Tag lang hatten sie gestern kaum ein Wort miteinander gesprochen und heute auch nicht, aber Valeria hatte ihn zu verschiedenen Zeiten an verschiedenen Orten der Villa und des Parks und heute morgen dann in den Straßen von Siena herumlaufen sehen mit seiner immer bedrückteren Grübelmiene und seinem düsteren, von weiß Gott was für sonderbaren Berechnungen und Verdächtigungen getrübten Blick.

So entgeht ihm die ganze pastellzarte Schönheit dieser Muschel, die er bloß wie eine kalte Höhlung sieht, wie einen erloschenen Bildschirm. So entgeht ihm alles. Ja, so entgeht ihm – denkt Valeria – das Leben.

Als er ans Fenster zurückkehrt, findet der Anwalt seinen Platz besetzt. Zwischen Ginevra und der Amerikanerin steht jetzt, schräg eingeschoben, ein Mann in Schottenjacke mit einem Glas in der Hand.

Sofort erhebt sich die Frage: Ist das jemand oder niemand? Genauer: Hat er was mit der Sache zu tun oder nicht?

Also genau die Umkehrung jener quälenden Frage, die sich der Anwalt vor zwei Tagen zu stellen begann: Was habe ich mit der Sache zu tun, was will ich hier eigentlich?

Jetzt sind es die anderen, deren Präsenz, deren Handlungen, Gesten und Worte sich in ein ungenau definiertes Schema (ein Raster? ein Kreuzworträtsel?) einfügen müssen, das er inzwischen (Stück für Stück, ohne es zu wollen) entwickelt hat und dessen letzter Sinn ihm noch entgeht. Aber er fühlt sich schon nahe, sehr nahe dem Punkt, wo all diese vielen, allzu verwickelten Fäden zusammenlaufen.

Der Mann im Schottenjackett lächelt vage, als er ihn kommen sieht, und verzieht sich. Also ist er ein Niemand, ein bloßer Statist, eine zufällige Touristenfigur, herübergekommen von einem anderen Fenster der Wohnung, um einen Blick aus dieser leicht veränderten Perspektive auf die Piazza zu werfen.

Natürlich hat der Anwalt das Gefühl, ihn irgendwo schon mal gesehen zu haben, aber es ist ein Gefühl, an das er sich mittlerweile gewöhnt hat, das ihn keinen Moment mehr verläßt und praktisch alles betrifft, was ihm vor Augen kommt. Außerdem ist es gut möglich, sogar wahrscheinlich, daß er dem Mann schon irgendwo hier begegnet ist, sei's heute morgen in einem anderen Haus oder auf den Straßen von Siena oder als er den Sitz der Wellen-Contrade besuchte oder später in der Kapelle der Selva bei der Segnung des Pferdes.

Zahllose Präsentationen, zahllose Händedrücke, es war, als ob jeder hier jeden kannte.

Sicher ist es Siena, die Kleinstadt, die dieses Gefühl in ihm auslöst, denkt er. Aber er weiß: Wenn er jetzt das Fernglas über die Menge auf dem Platz gleiten ließe, würde er jedes einzelne dieser fünfzigtausend Pünktchen da unten wiedererkennen, für jeden das vorgegebene Kästchen im Raster suchen.

Ja, jeder hat hier sein Geheimnis, ein subtiles, elastisches kleines Geheimnis, das sich dehnt und streckt, ohne je zu zerreißen, wie die lange Prozession des Historischen Zuges. Wird es dann also das Rennen sein, das alles entscheidet und alles zum Platzen bringt? Ist dies der verborgene Sinn (das Geheimnis) des Palio von Siena, zumindest für ihn? Eine Enthüllung steht ihm bevor: Eine der vielen Hypothesen, die sich seit drei Tagen in ihm bekämpfen, wird schließlich über die anderen siegen.

Am Abend des 14., nach dem Essen, wurde der Kaffee auf der Terrasse vor der Villa serviert, und während der Anwalt sinnend die Efeuranken betrachtete, die nachtschwarze Arabesken auf die Fassade zeichneten und die Fenster umrahmten, von denen drei in verschiedener Höhe erleuchtet waren, meinte er plötzlich, eine verschlüsselte Botschaft darin zu entdecken: eine Botschaft an ihn, zu der ihm nur noch der Schlüssel fehlte. Ja, es kam ihm auf einmal so vor, als könnte er seine Perplexität begreifen und seinem Unbehagen einen Namen geben.

Eine chiffrierte Villa, dachte er.

Aber das war nur so eine Redensart. Er mußte den

Eindruck der Unheimlichkeit, den er hier dauernd hatte, genauer analysieren.

Da war vor allem ein Fremdheitsgefühl, das jedoch seinerseits aus mehreren Teilen bestand. Etwa 20% entfielen sicher auf die Verfehlung der richtigen Straße am Anfang, also auf die primäre Desorientierung durch den Hagel. Gut 15% gingen auf die soziale Desorientierung in diesem ungewohnten Milieu, das die Maggionis normalerweise nicht frequentierten. Weitere 20% auf das plötzliche Eintauchen in die komplizierten Regeln und glühenden Leidenschaften des Palio, eines genau bedacht schon wirklich einmaligen und exotischen Rennens. Veranschlagte man ferner, sagen wir, 40% für Puddu, verteilt auf den Biß, den Schrei und den Tod, so kam man alles in allem auf 95%.

Blieben 5% zu begreifen, zu klassifizieren.

Doch genau hier, in diesen zwei Worten, steckte vielleicht der Schlüssel zum Ganzen.

Kam das wahre Unbehagen, die wahre Fremdheit nicht gerade aus dieser Sucht, immer alles begreifen und klassifizieren zu wollen, aus dieser zunehmend stärker werdenden, zunehmend obsessiven Manie, hinter jeder Kleinigkeit, hinter jeder Person, jedem Wort, jeder Geste und jedem Ding (sogar noch hinter dem Hund) einen Sinn zu vermuten?

Das Leben war anders. Im Leben waren die Dinge ganz einfach das, was sie waren, sie passierten eben, weil sie passierten, ohne große Geschichten. Jemand versuchte, im Zentrum zu parken, kaufte sich Zigaretten, trank ein Bier, sah fern. Was gab es da mehr zu sagen, was war da groß zu entdecken? Nichts weiter.

Hier dagegen war alles Glatte verschwunden, die Villa (und in diesem Sinne konnte man sie chiffriert nennen) war doppelbödig, ein *alias* wie alles in Siena.

Den Anwalt Maggioni überkam eine heftige Sehnsucht nach dem Einfachen, nach der entspannenden Banalität eines Feierabends zu Hause, die Beine langgestreckt vor dem Fernseher, und er musterte unwillkürlich das Dachprofil auf der Suche nach einer anheimelnden Antenne. Aber es war schon zu dunkel, um sie zu erkennen, falls eine da war. Und um die Wahrheit zu sagen, jetzt, als er im Geist die Räume durchging, die er betreten hatte, wurde ihm plötzlich bewußt, daß er nirgendwo den vertrauten Kasten gesehen hatte.

»Habt ihr hier nirgendwo einen Fernseher?« fragte er Ginevra, die gerade vorbeikam, um Elisabetta eine Stola zu bringen.

»Nein. Warum?«

»Nichts. Nur so.«

Sie gab ihm ein Schnippchen auf die Wange, so einen leichten Klaps mit zwei Fingern, und ging vorbei.

Na bitte, dachte der Anwalt, sie hat mir ein Schnippchen auf die Wange gegeben. Wie schön. Wunderbar. Warum kann ich's nicht einfach als das nehmen, was es ist? – Aber schon packte ihn wieder sein Klassifizierungswahn wie ein bengalischer Tiger: a) Schnippchen vom burschikosen Genre; b) vom zärtlichen Genre; c) vom verheißenden Genre; d) vom beiläufigen usw.

Nimm dein verdammtes Schnippchen, sagte er sich, und denk nicht mehr dran!

Er schaute zum Mond, der hinter einem Hügel aufging, und fing wieder an:

a) Mond vom romantischen Genre (und tatsächlich erhob sich Valeria, weißgekleidet für die »Soiree«, um mit Guidobaldo in den Park zu entschwinden);

b) Mond vom metereologischen Genre (und tatsächlich begannen Ascanio und Elisabetta vom morgigen Wetter zu reden);

c) Mond vom ländlichen Genre (und tatsächlich verfielen Ranieri und Salimbeni in eine Diskussion über Ernteerträge, EG-Beschlüsse und amerikanische Weizenüberschüsse);

d) Mond vom sinistren Genre (und tatsächlich kam ihm der Todesschrei von gestern nacht in den Sinn).

Wirklich, mit dieser Zerlegung in »Genres« erstarb alles Leben, nichts stand mehr fest und solide auf eigenen Füßen, nichts schien mehr real und authentisch zu sein, nicht mal Paolino da oben inmitten seiner falschen Bohnen und falschen Fliegen. Jawohl, das war's, so funktionierte der Code dieser Villa.

Es war, überlegte der Anwalt, ein widersprüchliches, ambivalentes Schema, das mit der einen Hand nahm, was es mit der anderen gab. Es bestand zu 50% aus Geheimnis, aber die anderen 50% entpuppten sich als eine Banalität. Jede Geheimtür öffnete sich auf eine Szene, die man schon x-mal gesehen hatte. Jedes Zauberwort erinnerte an ein Klischee. Jede unvorhergesehene Entwicklung endete im Vorhersehbaren. Jeder Gefühlsaufschwung mündete ins Triviale. Doppelter Boden? Ja, aber voll zerknülltem Papier.

Wer wäre angesichts einer solchen Lage nicht in eine Krise geraten? Aber selbst das Wort Krise, fand der Anwalt, hatte hier Beiklänge vom vulgärpsychologischen Kintopp-Genre, die genügten, ihm den Ekel hochkommen zu lassen. Man mußte schon Valeria sein, die sich ganz ihrem schmalzigen Genre ergab, um das nicht zu merken.

»Ich gehe schlafen, ich bin etwas müde«, verkündete er den anderen. »Gute Nacht allerseits.«

Ein Mond vom schläfrigen Genre begleitete ihn bis zur Loggia.

Doch in der Nacht, als eine sanfte Berührung ihn weckte, eine zarte Hand, die ihm zärtlich die Wange streichelte (die mit dem Schnippchen), sah er im Fenster einen Mond vom galanten Genre. Dann wechselte der Trabant zum leidenschaftlichen Genre, dann weiter zum Genre nur für Erwachsene, dann zum erschöpften Genre, zum sentimentalen Genre, zum ungläubig staunenden Genre.

»Warum mit mir?«

»Nur so.«

»Du bist zu schön, ich verdiene dich nicht.«

»Nimm's als ein Geschenk. Ich muß jetzt gehen.«

»Du bist eine Fee. Das alles ist nur ein Traum. Sag mir, daß es kein Traum ist.«

»Red keinen Unsinn. Ciao, bis morgen.«

Tatsächlich sah er sie dann aber schon nach knapp einer halben Stunde wieder. Das Geschenk (oder Traumgesicht) hatte in ihm einen Heißhunger vom prosaischsten Genre geweckt, und so war er schließlich aufgestanden, um in die Küche hinunterzuschleichen, stimuliert von präzisen Reklamebildern: Schinken, Käse, Salamischeiben, Crackers, Salzgebäck oder schlimmstenfalls Erdnüsse. Tastend bewegte er sich durchs Dunkel voran zwischen unauffindbaren Schaltern und nicht wiedererkennbaren Türen, öffnete eine davon und fand sich mit einem Fuß in dem indisch möblierten Salon, der im Licht seines düsteren Kronleuchters vor ihm lag.

Ginevra hob die Augen und sah ihn völlig ausdruckslos an, als ob sie ihn nie gesehen hätte, ja fast als ob sie ihn gar nicht sähe. Sie und die anderen – Ascanio, Elisabetta, Guidobaldo, Ranieri und Salimbeni – saßen schweigend ringsum auf den roten Stühlen, die wie lauter kleine Throne aussahen, und die Porträts an den Wänden schienen die Versammlung noch zu vervielfachen.

»O Pardon!« sagte der Anwalt Maggioni.

Was hätte er sonst sagen sollen, angestarrt von sechs reglosen Augenpaaren?

Verwirrt und perplex zog er sich zurück. Gewiß, es handelte sich um eine Gruppe von alteingesessenen Sienesen, die unmittelbar am Palio interessiert waren, und zweifellos hatte der Tod des Jockeys ihre Probleme und Planungen noch um einiges kompliziert. Aber vier Uhr morgens (circa) schien doch eine recht ungewöhnliche Zeit, um sich zur Diskussion zu versammeln. Und warum gerade in diesem Raum? Es war entschieden nicht leicht zu bestimmen, das Genre dieser Sechs.

17

Der nächste Tag, der 15., war zum großen Teil ein Tag voller Pausen und Wiederholungen. Die Sonne erklomm wieder ihren gewohnten Platz am wolkenlos blauen Himmel, die Macchia bedeckte wieder die Hügel, die Villa erstreckte sich wieder mit ihren Räumen, Treppen und Fluren, durch die sich der Anwalt inzwischen mit einem Gefühl fast schon gelangweilter Vertrautheit bewegte. Erneut der Eberkopf. Erneut die große steinerne Treppe und dann die düstere Halle. Erneut der Billardsaal mit Ascanio bei seinem (pock pock) einsamen Spiel. Erneut die Bibliothek, das indische Zimmer, der Sodoma-Salon, in dem sich erneut der Staatsanwalt aus Neapel installiert hatte. Gleicher Anzug wie gestern, gleicher Schnurrbart, gleiche gestikulierende Lebhaftigkeit, gleiche Zigarettenspitze aus Elfenbein, von der sich die Asche periodisch über die Jacke verteilte.

Sogar Puddu kam wieder. Sein schiefes und triumphierendes Grinsen, fotografiert nach einem Sieg, prangte mitten auf einer Seite der Lokalzeitung, umrahmt von diversen Gedenkartikeln und einer bewegten Erklärung seines großen Rivalen Torcicollo. Als Todesursache wurde ein nicht näher definierter »Kollaps« genannt, und weder die Autopsie noch die laufenden Ermittlungen wurden erwähnt.

Im Laufe des Tages kamen mehrmals die komplizierten Verwandtschaftsverhältnisse zwischen den Bewohnern der Villa zur Sprache, denen jetzt dank des Beitrags der beiden Freunde aus Rom noch einmal gut 50% an Kombinationen und Komplikationen hinzugefügt werden mußten. Denn der Vater von Ranieri, ein notorischer Homosexueller, hatte nämlich den Sohn eines ehemaligen Kochs von Elisabetta adoptiert, der in Wirklichkeit aber das Resultat einer ehebrecherischen Beziehung zwischen einem Bruder von Ascanio und einer Schwester von Salimbeni gewesen war, die in Paris dann Selbstmord begangen hatte und deren Mann, durch Spielschulden ruiniert, sich gezwungen gesehen hatte, das Gut Le Rombaie zu verkaufen, und zwar an einen Onkel von...

Mehrmals sah sich der Anwalt Maggioni gezwungen, unter allerlei Vorwänden diesem Genre von Enthüllungen zu entfliehen, die freilich ein neues Licht auf die ungewöhnliche Nachtversammlung im indischen Zimmer warfen.

Hatten sie wirklich über den Palio diskutiert, diese Sechs gestern nacht? Oder waren die beiden aus Rom in Wirklichkeit hergekommen, um über eine verwikkelte Erbschaftsfrage zu verhandeln, über die Abtretung oder Aufteilung eines großen Besitzes, womöglich der Villa selbst?

Tatsache war, daß ökonomische Fragen, verquickt mit politischen, einen Nettoanteil von gut 85% ihrer Reden ausmachten, die scheinbar immer mit den Worten »wenn der Dollar« oder »nach der letzten Abänderung« begannen. Dennoch blieb ihre Anwesenheit in der Villa irgendwie unklar, ihr »Genre« im ungewissen. Sie hielten sich immer ein bißchen abseits, hatten sich's nicht bequem gemacht und gaben sich nicht entspannt, hatten weder auf ihre dunklen Anzüge noch ihre Stadtschuhe und ihre grauen Krawatten verzichtet. Sie waren hier nicht auf Urlaub oder zu einem Fest gekommen.

Valeria bewunderte sie ganz offen, hing unverwandt an ihren Lippen, obwohl sie kein Wort kapierte, und lauschte ihnen mit der gleichen bemühten Anteilnahme, mit der sie gewöhnlich die »seriösen« Artikel in ihren Magazinen las; nur daß sie dann zwei Minuten später zu anderem überging: zu Guidobaldo, alias dem Mann ihres Schicksals, alias ihrem Märchenprinzen, alias *O' sole mio* . . .

Daunenweich gepolsterte Blicke, schlagsahnesüßes Lächeln, ein Winke-Winke mit zartem Händchen aus einem Fenster, ein Erschauern, ein libellenzart vibrierendes Hin und Her, ein Entschweben Seite an Seite, praktisch ohne Bodenberührung, hin zu den Treibhäusern und den Pferdeställen, dazu ein Gewisper und Getuschel, was ich für dich empfinde, was du für mich empfindest, genießen wir den Augenblick oder doch lieber nicht.

Arme Valeria, die gleichzeitig mit gespitzten Ohren wie eine Simultandolmetscherin auf den Zweifel der Zweifel horchen mußte, auf den Verdacht der Verdachte: Liebt er mich um meiner selbst willen, oder interessiert ihn bloß mein Körper (alias . . .)?

An einer Weggabelung verlor der Anwalt das romantische Paar aus den Augen, das zu immensen Wahrheiten und zu kosmischen Idiotien entschwand, und auf dem Rückweg über einen dichtbewachsenen Hügel traf er Ginevra und Elisabetta, die ihm mit Tennisschlägern in der Hand entgegenkamen.

»Willst du auch ein Match spielen?« fragte Ginevra.

»Nein, nein, ich spiele seit Jahren nicht.«

»Das sollten Sie aber«, meinte Elisabetta. »Tennis ist sehr gesund, ein Vollsport wie Schwimmen.« Und schon folgte ein Vortrag vom hygienischen Genre über die Notwendigkeit, sich ab einem gewissen Alter fit zu halten, über den Stoffwechsel, die Reflexe und das richtige Atmen.

»Ja, das stimmt schon, aber in Mailand...«, sagte der Anwalt schließlich mit einem hilfesuchenden Blick zu Ginevra.

Aber Ginevra mußte an diesem Vormittag selber vom hygienischen Genre sein, denn sie begann, ihm die Vorzüge eines von Ascanio empfohlenen Mineralwassers anzupreisen.

»Er trinkt es jeden Tag literweise«, erklärte sie. »Er sagt, es flutscht ihm runter wie Autos über die Autobahn und reinigt den Organismus ganz wunderbar.«

Dann redete sie mit Elisabetta über die neue Spülmaschine, die sie schließlich bestellt hatten, weil die alte schon halb verrostet war und die Filipinos sich dauernd darüber beklagten.

»Sie soll aus einer ganz neuen Stahlsorte sein, die viel länger...«

»O ja, und jedenfalls ist es eine ausgezeichnete Marke, die Schwester von Salimbeni hat sie auch, sie hat sogar zwei davon genommen, eine zum...«

Eine lächerliche und erschütternde Vorstellung überfiel den Anwalt Maggioni da plötzlich auf dem sanften Hügel inmitten der duftenden mediterranen Macchia und angesichts der in tausend Prospekten und hundert Filmen reproduzierten Postkartenlandschaft: Die beiden Frauen waren *gedoubelt*! Alle Reden von allen hier waren im Synchronisierungsverfahren gedoubelt: Die Leute bewegten die Lippen, aber was man hörte, waren die Worte eines unsichtbaren Synchronsprechers, der einen Drehbuchtext ablas.

Es muß die Sonne sein, die mich auf so was bringt, dachte der Anwalt, während die beiden Frauen sich plaudernd entfernten. Die stechend heiße Augustsonne.

Er wischte sich mit dem Taschentuch über die Stirn: Sie war nicht verschwitzt. Er atmete tief und langsam durch, er beugte die Arme, die Knie: Alles in Ordnung, auch ohne Tennis und Mineralwasser.

Also war es die Villa, die ihn auf solche Gedanken brachte. Die Villa und immer wieder die Villa, die ihn gefangenhielt, die ihn konditionierte mit ihrem ungreifbaren, repetitiven Zauber, die ihren unsichtbaren Schleier, ihren chiffrierten Schirm aufspannte zwischen ihm und dem Leben.

Ich muß hier weg, ich muß hier schleunigst verschwinden, dachte er und straffte energisch die Schultern, als wollte er sich aus einem verschlungenen Laken befreien.

Wie weit mochte die Strahlung der Villa reichen? Bis zum Rand der Macchia? Bis nach Siena? Bis zur Mautstelle von Melegnano? Oder gar bis zum Dom seiner Stadt?

Er gelangte zum Tennisplatz, den auf allen vier Seiten wucherndes Unkraut bedrohte; das fahle Weiß der Linien auf dem rotbraunen Feld sah aus wie der Grundriß eines verschwundenen Tempels. Drüben hinter dem rostigen und auf weite Strecken zerfetzten

Drahtzaun wuchs eine üppige Oleanderhecke, die aus dem Wust ihres ungepflegten Alters immer neue Büschel roter und rosiger Blüten hervortrieb.

Von dort kam das rhythmische Scheppern einer Gitarre, und dem Anwalt wurde bewußt, daß in seiner Liste das musikalische Genre bisher noch gefehlt hatte.

Na bitte, dachte er mit einer Art Befriedigung.

Um sich im Gestrüpp und den Resten des Drahtzauns nicht das Hemd zu zerreißen, ging er außen um den Platz und fand sich vor einem unerwarteten (aber vorhersehbaren) Swimming-pool, der gleichfalls in einem verkommenen Zustand war: die Ränder zerbröckelt, das Wasser trüb und bedeckt mit Blättern, Zweigen und rötlichen Blüten, die der Sturm abgerissen hatte.

Ein kleines Mädchen von etwa zehn Jahren tanzte barfuß auf einem Sprungbrett aus Zementbeton zu den Klängen eines Transistorradios, das es am Gürtel seiner Jeans hängen hatte. Als es den Anwalt sah, blieb es nicht stehen, sondern hopste eher noch wilder umher, warf zuckend den Kopf hoch und schwenkte die Arme, als drohte es in den rhythmischen Klangwellen zu versinken.

»Wer bist du?«

»Barabesi Cinzia«, stieß die Kleine tanzend hervor, »die Enkeltochter des Gärtners.«

»Hast du nicht Angst, daß du reinfällst?«

»Nein, ich kann schwimmen. Ich lerne auch segeln.«

Irgendwie gelang es der Kleinen, die Silben mit der Musik zu synchronisieren, so daß eine Art rhythmisches, sinnloses Trällern herauskam, begleitet von Schlagzeugwirbeln und dem Aufjaulen der Gitarre.

»Mein Opa ist mit den Carabinieri in die Macchia gegangen«, trällerte sie.

War ihr Opa der mit dem Nescafé, jetzt übergegangen zum Krimi-Genre?

Tatsächlich sah der Anwalt den knorrigen Alten kaum zwanzig Meter entfernt aus der Macchia kommen, gefolgt von dem Maresciallo und einem anderen Uniformierten sowie dem neapolitanischen Staatsanwalt in Hemdsärmeln und mit Hosenträgern, der sich die leere Zigarettenspitze aus dem Mund nahm und lauthals mit weitausholender Geste herübergrüßte, als läge der ganze Golf von Neapel zwischen ihnen:

»*Avvocato carissimo!*«

Sie hätten gerade »'ne kleine Ortsbesichtigung vorgenommen, *effettuadu 'nu biccolu sopralluogu*«, erklärte er dann jovial mit fast übertrieben weichem süditalienischem Tonfall (als ob er sich selber doubelte, dachte der Anwalt), »um mal zu schaun, wohin der Verstorbene gestern nacht gegangen sein könnte«.

Er schraubte sorgfältig eine Nazionale in seine Zigarettenspitze und entzündete sie mit Genuß.

»Wissen Sie, in der Macchia drinnen hab ich mich zurückhalten müssen, wegen der Waldbrandgefahr.«

»Und was haben Sie gefunden?«

»Nicht viel, nicht viel. Der Boden ist noch weich vom Regen, und die Fußspuren sind noch ganz gut zu erkennen, aber nur bis zu einer kleinen Lichtung, dann hören sie plötzlich auf.«

»Wär's denn nicht besser gewesen, diese Ortsbesichtigung gestern vorzunehmen?«

Der Staatsanwalt breitete die Arme aus.

»*Avvocato mio*, was wollen Sie?«

»Es gibt doch sicher auch Spuren zurück, oder? Ich meine in umgekehrter Richtung.«

»Tja, sollte man meinen, aber grad die gibt's eben leider nicht, er muß einen anderen Weg zurückgegangen sein, wo dann auch ein Rudel Wildschweine drübergelaufen ist. Es gibt auch Pferdespuren, das Ganze ist ein ziemliches Durcheinander ... He, du hast aber ein schönes Radio, kleines Fräulein!«

Er legte Cinzia eine Hand auf den Kopf.

»Das ist ein Ichiko 140, ein Ichiko 140, es hat sogar Frequenzmodulation!« trällerte sie, drehte das Radio voll auf und hüpfte davon.

»Nette Kleine«, sagte der Staatsanwalt zu dem Alten. »Ihre Enkelin?«

Der Alte schüttelte ernst den Kopf.

»Nein, in Wirklichkeit ist sie nicht meine Enkelin. Meine Schwester, müssen Sie wissen, die war früher Wäschebeschließerin in der Villa, und eines Tages, na ja, da hat dem Herrn Ascanio seine Frau sie gerufen und hat ihr ... vertraulich gesagt, daß eine Nichte von ihrem Mann ... na ja, Sie verstehen schon, daß sie, wie sagt man ... kompromittiert worden ist von dem Bruder des jungen Herrn Guidobaldo ...«

Der Anwalt Maggioni eilte gesenkten Hauptes aus diesem abgeschmackten, impertinenten Film.

Für den Rest des Tages versuchte er, sich aus diesem unerbittlichen Mechanismus herauszuhalten, der hier alles der Reihe nach fälschte und banalisierte. Aber er war inzwischen selber Komplize und Mitspieler in diesem Wechselspiel, gefangen im Netz der verschlungenen Variationen.

Er putzte sich die Zähne mit einer Zahnpasta, die Frigol O enthielt.

Er bot diversen Leuten bei diversen Gelegenheiten Scattomint an.

Er vertiefte sich erneut in die Betrachtung der Porträts des Tigerjägers und der Prinzessin Violante von Bayern.

Er konnte nicht umhin, die beiden Männer in blauen Overalls zu sehen, die eine nagelneue Spülmaschine aus einem nagelneuen Mercedes-Combi ausluden.

Er nickte ein Weilchen ein, sah aber beim Aufwachen wieder draußen die Filipina, die den Freßnapf des Hundes wieder mit Puppy Chef füllte.

Er konnte nicht verhindern, daß ihm beim Gähnen die Frage kam, ob es am Ende nicht sie gewesen war, die Puddu getötet hatte, vielleicht mit einem orientalischen Gift.

Er sah den Staatsanwalt aus Neapel wieder, der rauchend in seinen Wagen stieg (einen metallblauen Fiat 131), und fragte sich, woran wohl Puddu tatsächlich gestorben war und wann man wohl den Befund der Autopsie erfahren würde.

Er folgte mit den Augen dem Paar Valeria-Guidobaldo, das sich langsam und weltvergessen zwischen den Sträuchern und Beeten des Parks erging (»unsere Liebe hat eine Zukunft, unsere Liebe hat keine Zukunft ...«).

Er folgte mit den Augen dem Paar Ranieri-Salimbeni, das eilig unter dem Fenster des Billard-Salons vorbeilief (»wenn die D-Mark ...«, »infolge des neuen Gesetzes ...«).

Er folgte passiv der schon gesehenen Sonne, die hinter dem schon gesehenen Horizont unterging.

Er hörte Ascanio und den alten Gärtner über den Sonnenuntergang reden und das Wetter für morgen prognostizieren, während Cinzia auf die Balustrade kletterte, um wieder trällernd und wild am Rande des Abgrunds herumzuhopsen, ungeachtet der Mahnungen ihres falschen Opas.

Die Aperitifs erschienen wieder (ein Servierwagen voller Flaschen, Schälchen mit Crackers, Oliven, Wildschweinsalami), der Filipino erschien wieder, um zu melden, daß die Tafel gedeckt war, und wieder begannen (ein wenig früher? ein wenig später?) die Tischgespräche über den Palio und die Contraden und die Regeln und Torcicollo, und wieder verzweigte sich (ab wo? bis wohin?) die abnorme Wucherung der Familie (welcher Familie?) mit ihren Tentakeln an Vettern, Schwestern, Schwagern, Ehebrüchen, Scheidungen, Abtreibungen, Adoptionen.

Auch der Mond erschien und schien wieder, erst zögernd, dann aber plötzlich hoch am Himmel, und der Anwalt betrachtete wieder im täuschenden Schein die Fassade der Villa, das starre Schema der Fenster und die verschlungene Chiffre der Efeuranken.

Er dachte: Das ist ein Bild meines Unbehagens, jawohl, es gibt da so etwas wie ein Komplott, um die Ordnung des Durchschnittsmenschen in mir zu ersticken.

Er dachte: Dieser Gedanke ist gedoubelt, hohl und aufgeblasen wie alles hier. Jetzt muß ich nicht nur auf meine Taten und Worte achten, sondern sogar schon auf meine Gedanken, wer hätte das gedacht!

Er dachte flüchtig: Herrgott, was ist eigentlich mit mir los?

Er verabschiedete sich erneut von der Runde dunkler Gestalten auf dem hellen Kies, ging wieder in sein Zimmer und putzte sich wieder die Zähne.

In der Nacht kam, wie erwartet, wieder Ginevra, und er sagte wieder die gedoubelten Sätze, die ihm unwillkürlich auf die Lippen kamen.

Er glaubte, eine Spur von Gehorsamkeit in allem, was er tat, zu entdecken.

War es das, was man von ihm wollte?

Gehorsam dachte er, während er einschlief, an seine Beziehung oder Nichtbeziehung zu Ginevra, an seine Beziehung oder Nichtbeziehung zum Leben.

18

Am Morgen des 16. August, nach einem raschen Frühstück, wurde der Anwalt Hals über Kopf in den dunklen Opel geschoben, der sofort nach Siena abfuhr. In der allgemeinen Aufregung hatte man ganz vergessen zu klären, wie die beiden Maggionis nach dem Palio ihren Wagen und ihre Sachen wiederbekommen sollten: ob sie abends nochmal mit in die Villa zurückfahren oder in der Stadt übernachten sollten, ob sich der Filipino um alles kümmern würde oder ob man am nächsten Tag Paolino darum bitten konnte.

Doch die Alternativen des Palio machten alle anderen irrelevant; sogar Valeria hatte, elektrisiert von der unmittelbaren Nähe des großen Ereignisses und dem Dilemma »Wer wird siegen und wer nicht«, ihr gewohntes Dilemma »Was ziehe ich an und was nicht« auf ein Minimum reduziert.

Sie saß bei Guidobaldo im Wagen. Ginevra fuhr mit Ascanio und Elisabetta.

Ranieri und Salimbeni wechselten unterwegs kein einziges Wort über das Rennen; der Anwalt, der vorne neben dem Fahrer saß, bekam allmählich Zweifel, ob sie überhaupt Sienesen waren, sie wirkten eher wie zwei Politiker unklarer Provenienz auf der Fahrt zu irgendeinem Kongreß.

Die drei Wagen trafen sich wieder im Innenhof eines Gebäudes im Zentrum der Stadt, zwischen gotischen Strebepfeilern und einem Säulengang, in dem etruskische Särge und verwitterte Grabsteine aufgereiht waren. Ein öffentliches Gebäude? Ein Museum?

Aber der Anwalt hatte sich während der kurzen Fahrt sozusagen auf Distanz begeben, die paar Kilometer durch das Hügelland hatten ihm Horizonte von störrischer Gleichgültigkeit eröffnet. Er stellte sich keine Fragen mehr, er fühlte sich unterhalb aller Neugier.

Würden sie mich doch einfach hierlassen, dachte er, zwischen diesen etruskischen Resten!

Während sie durch die Stadt spazierten, schielte er manchmal zu einer kleinen Bar, schmal wie ein Handtuch eingeklemmt zwischen einem Backsteinspitzbogen und einem düsteren eisenbeschlagenen Tor, oder zu einem niedrigen Weinausschank, der vier Etagen aus mächtigen mittelalterlichen Quadern trug, und stellte sich vor, wie er den Schritt verlangsamen, hinter den anderen zurückbleiben, heimlich in jenes Loch verschwinden und den Rest des Tages allein dort verbringen würde, endlich in Sicherheit vor allen Rennen, allen Beklemmungen, allen Chiffren, Schemata und Geheimnissen.

Aber nichts dergleichen geschah.

Fahnen, Flaggen, Standarten, Wimpel und Halstücher in den Farben der siebzehn Contraden überzogen Siena, die Fenster, Balkone, Simse, Schaufenster, Fahrräder, Mopeds; und in den Straßen, die für den Verkehr gesperrt waren, wogte ein unaufhörliches Schieben und Drängen eiliger Schritte, die zielstrebig kreuz und quer in alle Richtungen liefen.

»Was hast du, gefällt es dir nicht?« fragte Ginevra und hakte sich bei ihm ein.

»Doch, doch, ich bin nur ein bißchen müde.«

Sie zeigte ihm lächelnd zwei kleine Jungen in einem Hof, die zwei Fahnen der Schildkröte hoch in die Luft warfen und geschickt wieder auffingen.

»Sie üben schon von klein auf.«

»Und die Mädchen, machen die nichts?«

»Nein, im Historischen Zug gibt es keine Frauen.«

»Schade, ich würde dich gern mal kostümiert vorbeiziehen sehen.«

»Kostümiert als was?«

(Als Madonna? Als Fee? Oder als Hindin, Fohlen, Gazelle?)

»Vielleicht nackt«, entfuhr es ihm unkontrolliert.

»He, he, komm schon! Komm, wir gehen zum Dom und sehen uns die Palio-Standarte an.«

Sie eilten durch steile Gäßchen, aber das Domportal war belagert von Touristen lombardischer, fränkischer, helvetischer, sächsischer, gotischer und britannischer Herkunft. Ginevra schleifte ihn über den Platz, und sogleich entdeckte, begrüßte, umarmte und präsentierte sie ihm ein Dutzend Leute (einen Mann in Schottenjacke, eine Dame ganz in Türkis, einen hemdsärmeligen Jungen mit dicken Brillengläsern), während an anderen Stellen des Platzes Elisabetta, Guidobaldo und die anderen alle dasselbe mit Dutzenden anderer taten.

Der Anwalt erkannte den Staatsanwalt aus Neapel, der sich mit seiner Familie mühsam einen Weg durch die Menge bahnte, und wandte sich ab.

»Zu voll hier, laß uns weggehen.«

»Warte, laß dir wenigstens noch die *Maestà* von Duccio zeigen.«

Aber auch im Dommuseum war eine massive Invasion von Franken und Langobarden, und sogar das berühmte Tafelgemälde, das im Halbdunkel leuchtete, schien dem Anwalt ganz überfüllt von Engeln und Heiligen.

Sie zogen in loser Gruppe, einander verlierend und wiederfindend, kreuz und quer durch das labyrinthische Auf und Ab der Straßen von Siena, umgeben von Glockengeläute, fröhlichen Liedern, Rufen, Geschrei und dem unaufhörlichen Hin- und Hergerenne in alle Richtungen. Wappen mit dem Schwarzweiß der Stadt, aus Plastik oder aus Nylon, zeigten überall Schachbrettmuster, doch wohin sie auch gingen, ob schräg oder seitlich, vorwärts oder zurück, nie kamen sie auf die Piazza del Campo, die nur zu erraten war wie die Senke eines Sees hinter einem Hügelring.

»War heute vormittag nicht noch mal eine Probe?«

»Ja, die letzte. Aber die ist schon vorbei.«

»Um so besser, ich sehe lieber das richtige Rennen.«

Ginevra betrachtete ihn mit einem kleinen (undurchdringlichen?) Lächeln.

»Da hast du recht«.

Aber schließlich bogen Ascanio und Elisabetta zum Campo ab und wurden sofort von der dichten, wimmelnden Menschenmenge verschluckt. Auch Ranieri und Salimbeni verschwanden wie aufgeschluckt in einem Torweg, an dessen Ende ein Votivlämpchen brannte. Valeria und Guidobaldo traten vor den Augen der beiden in eine Konditorei und tauchten dann hinter ihnen jeder mit einem großen Eis in der Hand wieder auf.

»Muß ich mir ein Halstuch deiner Contrade kaufen?«

»Der Selva? Nein, nein, das wäre lächerlich, du bist doch gar nicht aus Siena!«

»Nur so aus Solidarität.«

»Laß nur, was geht dich die Selva an.«

Sie besuchten den Sitz der Wellen-Contrade (neue Umarmungen, neue Präsentationen), wo neben anderen kostbaren Stücken die Wappentiere, heraldisch stilisierte Delphine auf alten Bronzetafeln, Pergamenten und Seidenstickereien, an den Wänden und in Vitrinen verblaßten.

Viele trugen das Halstuch mit den blauweißen Wellenlinien, und plötzlich sah der Anwalt – blitzartig, nur als einzelnes Filmbild – wieder den toten Puddu in der Bibliothek. Von welcher Farbe war jenes so rasch verschwundene Halstuch gewesen? Unmöglich, sich zu erinnern. Unmöglich, an diesem 16. August noch sicher zu sein, daß jenes schon so weit in die Ferne gerückte Requisit überhaupt existiert hatte.

Zum Mittagessen kamen dann alle wieder in einer Wohnung von Freunden zusammen, und vom Balkon, in der Hand einen Teller mit kaltem Braten, hatte man überraschend einen herrlichen Blick über Siena: über ein Gewirr von Dächern, das aussah wie von einem wildgewordenen Euklid zusammengefügt. Und doch erschien dieses bizarre Gefüge aus Winkeln, Schrägen, über- und ineinandergeschachtelten Flächen so homogen, daß man darunter keinen Platz, keine Straße, kein Gäßchen vermutet hätte. Die

Menge war verschwunden, die Bevölkerung nicht zu sehen, alle Contraden erschienen von hier aus gleichermaßen unterdrückt, erloschen, tot und begraben unter dem Ziegelmeer. Eine hermetische Stadt, eine chiffrierte auch sie.

Und wenn nun dort unten niemand mehr wäre? fragte sich jäh der Anwalt. Wenn dies das letzte Geheimnis wäre, die ungreifbare Suggestion, die ständig hinausgezögerte Lösung?

Er war drauf und dran, die ganze Sippschaft stehenzulassen und rasch hinunterzulaufen, um nachzusehen, aber die Gruppen und Grüppchen traten ihm in den Weg, verwickelten ihn in Gespräche, boten ihm Häppchen und Mineralwasser an und hielten ihn fest wie Dornen im Wald mit Reden über das Wetter, das Segeln (ein Vollsport), den Dollar, die D-Mark, den toten Puddu, Autos, Kühlschränke, Hunde, Oliven, Wildschweinsalami, Shampoos und andere eitle Begierden.

Er schob resigniert eine Hand in die Tasche und wollte gerade Scattomint hervorziehen, um es jemandem anzubieten, als ein Trommelwirbel über den Dächern erklang und alle erstarrten, um gleich darauf zu den Fenstern auf der anderen Seite der Wohnung zu stürzen. Auch er wurde mitgerissen und mitgeschoben (aber es war Ginevra, die ihn führte, dem Anwalt kam eine jähe Erinnerung an Dante, der von Vergil und dann von Beatrice geführt wurde), und schließlich fand er sich unversehens an einem breiten Fenster hoch über einer Gasse.

Da veränderte sich etwas.

Es war jedoch nicht Ginevra, es waren nicht die Informationen, die pünktlich von Ascanio kamen (die Komparsen der Contraden eilten zu ihren jeweiligen Kapellen, um der Segnung des Pferdes beizuwohnen), es waren nicht die zum Greifen nahen Helme und Federbüsche, nicht die prächtig-bunten Kostüme vor dem grauen Hintergrund der leprösen Mauern, nicht das Paradepferd mit seinem statuarischen Reiter, auch nicht die Fahnen, die Pagen, das Geschrei und Gehopse der Kinder rings um den Berber, der nervös mit den Hufen im Sand scharrte; es war weder der suggestive Anachronismus noch der theatralische Zauber – es war das Wirbeln der Trommeln (vorausgesehen? kalkuliert? vom Zufall herbeigeführt oder vom Los geworfen?), das dem Anwalt Maggioni schließlich den Schauder des Palio über den Rücken jagte.

Dieser Appell, dieser militärische Ruf galt ihm, dieses dumpfe, dramatisch aufbrausende Grollen befahl ihm, hinabzusteigen aus seinen Jahrhunderten der Apathie, denn nur dort unten, wo das euklidische Dächergewirr sich rings um die große Leere der Muschel öffnete, nur auf der Piazza del Campo ließ sich das Rätsel vielleicht entziffern.

Mit den anderen eilte der Anwalt steinerne Treppen und Gassen hinunter, mit den anderen fand er sich eingekeilt in einer kleinen Kirche, wo das Rennpferd bebend und schnaubend vor dem Altar stand, während der Priester es feierlich aufrief, seiner Contrade den Sieg zu erringen, und die Arme zum Segen erhob. Mit den anderen jubelte er, als die Eingeweide des

Tieres »es an Respekt fehlen ließen« vor der Heiligkeit des Ortes (sicheres Siegesvorzeichen) und ein strenger Stallgeruch zwischen den frommen Bildern und Kultgeräten aufstieg.

Das Omen gilt mir, dachte der Anwalt mit einem herben Triumphgefühl, auch ich werde siegen!

Die Sechs verteilten sich auf diverse Wohnungen und Balkone, Guidobaldo nahm Valeria mit sich, Ginevra führte den Anwalt in eine dunkle Gasse, eine Treppe mit breiten ausgetretenen Stufen hinauf, Stockwerk um Stockwerk immer höher, durch eine Tür, die ein Majordomus bewachte, durch Säle und Zimmer, vorbei an Männern und Frauen und Händedrücken bis an ein Fenster, vor dem sich magisch die große Muschel auftat, der Nabel, das Herz des Rätsels.

Hier ist die Chiffre, dachte der Anwalt triumphierend, hier werde ich alles erfahren.

Er drückte Ginevra an sich und begann seine lange lauernde Überwachung.

19

Da, die Bannerträger aller Contraden, aufgereiht vor dem Palazzo Pubblico, werfen alle zugleich ihre flatternden Speere hoch in die Luft, die Seidenbanner entfalten noch einmal ihre Farbenpracht, das heraldische Bestiarium von Delphinen und Panthern, Giraffen und Wölfinnen bleibt sekundenlang in der Schwebe, dreht sich noch einmal und fällt zurück.

Es ist die letzte Fahnenparade, der letzte Salut der Komparsen. Dann nehmen auch die Bannerträger Platz auf der für sie reservierten Tribüne, wo schon die anderen Teilnehmer des Historischen Zuges in überraschend kurzen, dichtgedrängten Reihen sitzen.

Das Ganze ist wie eine Lunte gewesen, denkt der Anwalt Maggioni, eine lange schwelende Lunte, die länger als eine Stunde knisternd über die Sandbahn gekrochen ist, Meter um Meter rings um den Platz bis zur abschließenden Explosion.

Da, eine unerträgliche Stille senkt sich über den Campo, über die ganze Stadt. Dichte Trauben hängen aus den Fenstern und von den Balkonen, die Zuschauermenge hat sich auf einmal verdoppelt, die Zahl der Köpfe verdreifacht. Der Anwalt ist völlig eingekeilt, rechts drängt sich die amerikanische Lady gegen ihn, ihrerseits von Nachdrängenden geschoben, links schmiegt sich Ginevra noch enger in seinen Arm, und von hinten pressen ihn schwitzende Leiber ans Fensterbrett, Hände legen sich ihm auf die Schulter, warmer Atem streicht ihm über den Nacken.

Doch von diesen erdrückend engen Kontakten merkt er kaum etwas. Aufgelöst in der Menge, ist der Anwalt Maggioni irgendwie immateriell geworden, körperlos, entrückt in eine höhere Sphäre des reinen, absoluten Wartens. Und zugleich ist ihm, als hätten sich seine Fähigkeiten auf phantastische Weise multipliziert, als gehörten alle hier versammelten Augen und Ohren, alle Lungen, Membranen, Herzen, Poren, Nerven ihm und nur ihm. Er fühlt sich gleichzeitig ausgelöscht und kollektiviert.

Und so durchströmt ihn ein schwindelerregendes Gefühl von Gleichzeitigkeit. Er sieht die Männer, die sich mit großen Besen über die Sandbahn hermachen, um die wirr durcheinanderlaufenden Spuren der Menschen, Pferde, Ochsen und die parallelen Furchen der Wagenräder zu tilgen. Und zugleich sieht er die leeren Straßen von Siena, registriert noch das kleinste Prozentchen Ausnahme: einen Tattergreis mit Parkinson auf einem Stuhl im Hintergrund einer Küche, eine betende Nonne in einer großen leeren Kirche, ein engumschlungenes Liebespaar in einer dunklen Gasse. Doch es entgeht ihm auch nicht, daß auf der Torre del Mangia das kleine Loch, das sich im Zifferblatt der Turmuhr befindet, jetzt genau ein Menschengesicht umrahmt, wie eine Miniatur auf weißer Emaille; er spürt die Erregung der Pferde, die im Cortile del Podestà auf das Rennen warten, jedes an seinen numerierten Pfeiler gebunden, die Nervosität der Jockeys, die sich ihre Rennhemden überstreifen und ihre Schirmmützen mit den Contradenfarben zur Hand nehmen; er erkennt den Startrichter (auch *Mossiere* genannt), einen jungen Mann in braunem

Anzug mit gestreifter Krawatte, der sich gestikulierend von seinem Podest (auch *Verrocchio* genannt) zu einem Helfer hinunterbeugt, der die Vorrichtung für den Abschuß des »Böllers« überprüft, während andere Helfer die beiden Seile über die Piste spannen, zwischen denen die Pferde sich zum Start aufstellen müssen; er hört das Getuschel der Funktionäre vom Festausschuß (auch »Deputierte« genannt), die auf der Schiedsrichtertribüne, wo jetzt der Palio aufgestellt worden ist, den letzten Losentscheid vorbereiten: die Öffnung des Doppelzylinders, in dem die Startreihenfolge versiegelt ist.

Niemand atmet mehr in diesem kribbelnden Nabel der Welt, zu dem Siena geworden ist (abgesehen von unbedeutenden Ausnahmen: ein korpulenter Krämer, der in den Oberstock eines mittelalterlichen Hauses an der Via Bandini gelangt ist und sich anschickt, vor einen Gläubiger zu treten; ein kleines Mädchen, das auf das Tellerchen seiner Puppe pustet, um eine imaginäre Suppe zu kühlen). Kein Muskel rührt sich mehr in dieser versteinerten pompejanischen Masse, in dieser kompakten etruskischen Nekropole, von der jetzt der Anwalt Maggioni ein Teil und zugleich das Ganze ist.

Vierzehn Schwalben schwirren über die Totenstarre der weiten Menge.

Ein schwarzweißer Kater balzt auf den Zinnen des Palazzo Pubblico.

Ein Böllerschuß kracht.

Der erste Reiter erscheint im »Großen Tor« (alias *Entrone*). Es ist der Adler. Das Pferd schnaubt leise, der Jockey beugt sich zu einem Ordner hinunter, nimmt eine Reitpeitsche entgegen (den vorgeschriebenen »Ochsenziemer«) und reitet tänzelnd hinaus auf die Piste. Und in einer Gleichzeitigkeit von mächtig aufbrausenden Stimmen, aufbrandendem Beifall, entfesselt ausbrechendem Jubel folgt der Anwalt den Bewegungen der zehn Berber, die sich an die Seile begeben, folgt den Gesten des Mossiere, der einen versiegelten Umschlag entgegennimmt, das Siegel erbricht, einen Bogen herauszieht und die Startreihenfolge verliest:

»Muschel!«

»Welle!«

»Wölfin!«

»Giraffe!«

Ein Donnergrollen erhebt sich bei jedem Namen, vermischt sich mit dem folgenden und steigert sich schließlich zu einem Tosen, das alles Weitere übertönt, während die Pferde eins nach dem anderen durch die schmale Öffnung in den Raum zwischen die Startseile treten, folgsam oder widerstrebend, gebremst oder angetrieben von ihren Reitern, die den einzigen Zügel feierlich, lässig, stolz oder demonstrativ träge halten, je nach ihrem Temperament oder nach dem Bild, das sie von sich geben wollen, diese elenden Schufte, Schweine, Lumpen, Hyänen, Kanaillen, Halunken, korrupten Hurensöhne, wie jetzt der ganze Platz (die Qualität des Tosens hat sich verändert) wüst durcheinanderschreit.

Da stehen sie, startbereit zwischen den Seilen, um letzte Bündnis- oder Neutralitätsbekräftigungen zu tauschen, sich zum letzten Verrat anzubieten, zur äußersten Korruption, und ihren knappen konventionellen Gesten, nie mehr als zwei oder drei Finger kurz vorgestreckt, ihren drohenden oder hämischen Blikken, ihren abgehackten Worten, hervorgestoßen zwischen kaum geöffneten Lippen, entspricht die Nervosität der Pferde, das Beben der Flanken, das Scharren der Hufe, das ständige Hin und Her und Vor und Zurück, das jähe Aufbäumen.

In diesem Gewirr von Köpfen, Hufen, Kruppen, Schwänzen, Hälsen und Mähnen erscheint dem Anwalt die Zahl der Pferde dort zwischen den Seilen viel größer als zehn – beziehungsweise neun, denn das zehnte (die Panther-Contrade) befindet sich außerhalb, ein paar Meter hinter den anderen, um von dort aus ein paar Sekunden vor den anderen zu starten und durch den kleinen Vorsprung den Nachteil der äußersten Startbahn wettzumachen.

Schmähungen und Ermunterungen hageln auf alle Jockeys nieder, doch dem der Panther-Contrade, der jetzt illegitimerweise zwischen die Seile eindringt wie von seinem Rappen mitgerissen, gelten die bösartigsten Sarkasmen, die schärfsten Obszönitäten, die wüstesten Flüche und heißesten Anfeuerungen, denn es ist Torcicollo, der große Rivale des Backenkneifers im Rennen und im Betrügen, ein Erzhalunke auch er, ein Superschwein unter Schweinen, ein König der Könige der Korrupten, dessen harmlose Unschuldsmiene, während er sich da zwischen die spastischen Zuckungen seiner Kollegen drängt, niemanden täuscht, schon gar nicht den Startrichter, der ihn wütend zurückpfeift, zurück an seinen Platz hinter den Seilen.

Mit einer akrobatischen Drehung der rechten Schulter und des ganzen rechten Arms gelingt es dem Anwalt, das Fernglas zu ergattern, das die amerikanische Lady vor sich auf das Fensterbrett gestellt hat, und es sich an die Augen zu halten, um mal ein bißchen zu sehen, was für eine Visage dieser Torcicollo hat, vielleicht ist er auch ein Frauenbeißer oder wer weiß was noch anderes.

Im Rund der Linsen erscheint ihm, vergrößert, eine Dose dänisches Bier vor zwei geöffneten Lippen.

Ah ja, denkt der Anwalt.

Er verschiebt das Fernglas, was nicht ganz ohne Mühe abgeht, weil er es nur mit einer Hand hält.

Es erscheint ein Kind, das auf den Schultern seines Vaters sitzt und einen Kaugummi auspackt.

Natürlich.

Der Anwalt zerrt mit großer Mühe den eingeklemmten Ellbogen frei, dreht unter Schwierigkeiten das Handgelenk, aber jemand stößt ihn von hinten an, so daß er die Richtung verliert, und obendrein ist das Bild, das jetzt im Fernglas erscheint (die vielen, zu vielen Pferde zwischen den Seilen) auch noch unscharf und nebelgrau, er muß an den Schärferegler gekommen sein. Mit Daumen und Zeigefinger der Hand, die das Fernglas hält, bemüht er sich, die wirre Szene vor seinen Augen zu korrigieren, aber das hektische Durcheinander von Pferden und Jockeys bleibt voller Schatten, verschwommene Rücken stoßen an inkonsistente Brüste, diffuse Mähnen streifen milchige Köpfe, und der Anwalt will es schon aufgeben, will das Fernglas schon wieder akrobatisch auf das Fensterbrett zurückexpedieren, da...

Da ... Nein, denkt er.

Unmöglich.

Der Jockey, den er unklar gesehen hat, gleitet aus seinem Blickfeld, und der Anwalt fährt in die Höhe, gibt sich einen heftigen Ruck, schiebt Ginevra weg, schiebt die Amerikanerin weg, schüttelt sich ganz Siena vom Leibe, packt das Fernglas mit beiden Händen und richtet es auf die Seile.

Und sieht ihn. Entdeckt ihn, stöbert ihn auf, zieht ihn hervor, erkennt für Sekunden in dem grauen Gewirr den schwarzen Schnurrbart, die bleckenden Zähne, das denkwürdige Grinsen von Puddu.

»Was ist?« fragt Ginevra nur mit den Lippen, denn der ohrenbetäubende Lärm auf der Piazza übertönt jedes Wort. »Was hast du gesehen?«

»Nichts«, antwortet er mit den Lippen.

Sie sehen einander an.

»Du hättest es begreifen müssen«, sagen Ginevras Augen mit einem vagen Anflug von Entschuldigung.

»Aber ich *hatte* es doch begriffen«, lügen aus Höflichkeit, aus konzilianter Nachgiebigkeit die Augen des Anwalts.

In Wahrheit hatte er die Koinzidenz der sechs unterdrückten Contraden mit den sechs Bewohnern der Villa, die in tiefer Nacht im indischen Zimmer versammelt waren, kaum wirklich bemerkt, er hatte ihr »Anderssein« kaum erfaßt, das dünne Fädchen, das hauchdünne Netz kaum wahrgenommen, das sie zwischen den dickeren Fäden und Netzen dieser drei Tage gesponnen hatten.

War's also das, was sich nicht »begreifen«, nicht »klassifizieren« ließ?

War das die Chiffre, das Geheimnis?

Doch der Anwalt weiß, daß sein Warten noch nicht zu Ende ist, er spürt, wie die anderen Verdachtsmomente, die anderen Hypothesen, die anderen Möglichkeiten unruhig scharren und tänzeln zwischen den Seilen seines Daseins als vernünftiger Mensch, als normaler Durchschnittsbürger.

Drei Tage des Zweifels, denkt er, werden sich in drei Runden des Palio auflösen. Es wird der Palio der Enthüllungen sein, noch ist alles offen. Eine wird siegen.

20

Der Platz ist ein tobender Trichter, es scheint, als wäre sogar der Ring der Paläste zu schwach für diesen tosenden Lärm, als könnte das alte Gemäuer jeden Moment zerbersten wie eine Papiertüte, und der Startrichter gestikuliert mit einer Verzweiflung, als müsse er ganz allein der drohenden Katastrophe entgegentreten.

Die Pferde scheuen, springen zur Seite, drehen sich vor dem Startseil im Kreis, die Reihe formt sich, um gleich wieder auseinanderzufallen und wieder neue Form anzunehmen, die Muschel verdrängt die Wölfin, der Adler schiebt sich zwischen die Welle und die Giraffe, das Stachelschwein tritt an die Stelle des Turms in einem unentwegten Durcheinander, das kein Ende zu nehmen scheint, auch weil der Anwalt (doch nicht nur er!) unter den zehn (beziehungsweise neun) Konkurrenten da zwischen den Seilen jetzt auch die schemenhafte Präsenz von sechs (beziehungsweise fünf) weiteren Reitergestalten erkennt: die Pferde und Jockeys der Toten Contraden. Und hinter ihnen, startbereit, hat auch Torcicollos Rappe neben sich, wie einen Doppelgänger, eine deckungsgleiche Geistergestalt, nämlich Puddu auf seinem Geisterpferd, gleichfalls bereit, im entscheidenden Augenblick loszupreschen.

Keiner der beiden rührt sich, als die unerträgliche Spannung den ganzen übrigen Pulk, die Jockeys der lebenden wie der toten Contraden, plötzlich das

Startseil niedertreten und mit erhobenen Peitschen frenetisch losgaloppieren läßt.

Der »Böller« kracht, um sie zurückzurufen.

Es war ein Fehlstart, und die beiden Champions haben sich nicht davon mitreißen lassen. Mit identischem Grinsen lassen sie ihre Pferde kreiseln, um ihre überlegene Kaltblütigkeit zu demonstrieren, während die anderen Jockeys beschämt und entnervt an ihre Plätze zurückkehren.

Lastende Stille legt sich über den Platz. Aber die Pause ist nur von kurzer Dauer, schon blähen sich da und dort wieder Lungen, schon bricht aus vollen Kehlen wieder das ohrenbetäubende Tosen hervor, noch rauher und wilder jetzt. Das Gesicht des Mossiere ist puterrot angelaufen, seine Arme beschreiben mit wachsender Hektik die gleichen leeren Kommandogesten. Auch die Pferde zucken, tänzeln, stoßen und drängeln sich immer hektischer.

Dann prescht der ganze Pulk erneut los.

Der Anwalt Maggioni bleibt kaltblütig auf seinem Posten, genau wie die beiden Champions, die den Fehlstart auch diesmal nicht mitgemacht haben.

Erneut kracht der Böller.

Dem enttäuschten Aufschrei der Menge folgt erneut die beschämte Rückkehr der zu früh Losgepreschten, das hämische, halb triumphierende, halb verächtliche Grinsen und Kreiseln Torcicollos und seines Schattens in Gestalt von Puddu, dann erneut die lastende Stille über dem Platz.

Das Gesicht des Startrichters ist jetzt kreidebleich. Die zu Fratzen verzerrten Gesichter der Jockeys sind weiß vor Wut, während sie sich erneut zum Start formieren in einem Tanz, der jetzt nichts Elegantes noch Kalkuliertes mehr hat und nichts anderes mehr ist als ein konvulsivisches Stoßen und Drängeln.

Angesichts dieses wütenden und zugleich statischen Wirrwarrs überkommt den Anwalt mit einem Mal so etwas wie ein Gefühl von eisiger Ruhe, eine Vorahnung der Ewigkeit. Der Platz ist in Schweigen erstarrt. Die Schwalben sitzen versteinert auf den Gesimsen. Der Tattergreis in der Küche tattert nicht mehr. Der Löffel des kleinen Mädchens, das seine Puppe füttert, schwebt reglos in der Luft. Valeria und Guidobaldo sind zwei Statuen auf ihrem Balkon, auch Ascanio, Elisabetta, Ranieri und Salimbeni, wo immer sie sich befinden mögen, reden und regen sich nicht mehr. Sogar Ginevra, die geschmeidige Ex-Gazelle an seiner Seite, hat jetzt die stumme Härte eines Fossils. Auf der Torre del Mangia schaut weiter das einsame Menschengesicht aus dem runden Loch in der Uhr, die für immer dieselbe Zeit anzeigen wird.

Der Anwalt ist nicht verwundert.

Alle Farben verblassen und weichen aus den Dingen, ein Grauschleier legt sich wie ein Hagelschauer darüber.

Der Anwalt wartet geduldig, schweißüberströmt in dem erstickend dichten Gedränge am Fenster.

Er bildet sich ein (oder sieht?), wie ein nacktes Mädchen sich unter dem erfrischenden Strahl einer Dusche genüßlich mit Camay einseift.

Er sieht (oder bildet sich ein?), wie ein junger Mann sich genüßlich eine Flasche Fanta in den Hals kippt.

Natürlich, denkt er.

Dann, wie durch die Unterbrechung verstärkt und

vollends in Rage versetzt, bricht der Palio wieder herein, explodiert ihm mit voller Wucht in den Ohren, überschwemmt ihm die Augen mit blendenden Farben im selben Moment, als nun Torcicollo aus der Hinterhand losprescht, Kopf an Kopf mit der Phantomgestalt seines großen Rivalen.

Jeder der fünfzigtausend Zuschauer schreit den Namen seiner Contrade.

»Viper!« schreit Ginevra. »Viper!«

Diesmal ruft der Böller die Gestarteten nicht zurück, und von ihrem Balkon aus sieht Valeria die wilde Schar in vollem Lauf herangaloppieren, die Pferde gestreckt in höchster Anspannung ihrer Kräfte, die Jockeys verbissen über die Mähnen gebeugt. Sie fühlt sich selber wie mit ihnen losgeschossen, zuckt und zittert mit ihnen, trippelt und zappelt und klammert sich ans Geländer wie an einen Zügel.

Guidobaldo (den sie neben sich spürt, nicht ohne in seiner Haltung eine seltsame Starre, eine seltsame Ungerührtheit zu registrieren) hat wirklich recht: Nur mit einem großen Orgasmus läßt sich dieses Rennen vergleichen, mit einem Wahnsinns-und-Weltuntergangsorgasmus (wie sie zu ihrer Freundin Ornella sagen würde), verschärft durch diese beiden Fehlstarts, die (wie sie sagen würde) sie fast verrückt gemacht hatten.

Zehn Meter. Zwanzig Meter.

Und im befreienden Jubel hört Valeria eine Stimme, die unartikulierte Schreie ausstößt (es ist ihre eigene), als zwei der Jockeys einander hochaufgerichtet mit wütenden Peitschenhieben traktieren und einer der beiden (sie erkennt ihn, es ist die Muschel!) schon an Boden verliert, schon hinter dem galoppierenden Pulk zurückbleibt, aber rasch noch versucht, mit erhobenem Arm einen anderen Konkurrenten zu stören, der seinerseits mit wirbelnder Peitsche versucht, einen vierten Konkurrenten (die Selva!) nicht an sich vorbeizulassen.

Dreißig Meter.

Und von Meter zu Meter wechseln die Bilder und Bilderfragmente blitzschnell wie im Kartenspiel eines unglaublichen Taschenspielers. Unglaublich ist aber vor allem, daß ihr kein einziges davon entgeht, daß Valeria unfehlbar jede kleinste Veränderung und Verschiebung registriert: wie das Karmesinrot der Turm-Contrade sich neben das Weißblau der Welle drängt, wie das Schwarzweiß der Wölfin sich vor das Weißrot der Giraffe schiebt, wie das Goldgelb des Adlers dem Grünorange der Selva Widerstand leistet, wie das Rotblau des Panthers drohend von außen herannaht, seinerseits heftig bedroht vom Grüngelb der Viper.

Von Sprung zu Sprung kommt die Meute voran, und im Vordergrund registriert Valeria die Hände Guidobaldos, ans Geländer geklammert wie ihre eigenen, doch es sind Hände aus Gips, es sind wächserne, völlig blutleere Hände, während dort unten, fast berührbar in ihrem animalisch scharfen Geruch, die Bäuche dicht über dem Boden, sechzehn Pferde mit sechzehn Jockeys vorbeigaloppieren, die Toten im Wettlauf mit den Lebenden, der Schatten Puddus (er ist es, sie erkennt ihn!) zuckend und tobend auf dem Rücken eines verschwommenen Berbers, sein bleckendes Grinsen ihr zugewandt (oder bildet sie sich das ein?), als er den Kopf dreht, um zurückzublicken.

Trägt er (trug er) womöglich eine Zahnprothese? fragt sich Valeria unwillkürlich, und ein hysterisches Lachen schüttelt sie von oben bis unten, daß ihr die Tränen kommen. (Es war ein Schock, würde sie zu ihrer Freundin Ornella sagen, ich weiß gar nicht, wie ich's geschafft habe, nicht in Ohnmacht zu fallen!)

Die wächserne Hand Guidobaldos berührt ihren Unterarm, bewegt sich langsam hinauf bis zur Schulter und bleibt dort beschützend, beruhigend liegen.

Guidobaldo weiß, Guidobaldo wußte!

Und schon hört Valeria auf zu zittern, faßt sich wieder, nimmt (wie sie sagen würde) das Gegebene als gegeben und läßt dem Palio der Toten Contraden seinen Lauf inmitten des anderen, der jetzt bereits in die mörderische San-Martino-Kurve einbiegt, die schlimmste von allen mit ihren dicken Strohmatten und ihrem blutgierigen, auf schreckliche Stürze erpichten Publikum.

Andere Bilder und Bilderfragmente legen sich nun darüber: das erste Auftauchen galoppierender Pferde (sechs!) am Hang des Macchia-Hügels im Regen, als Enzo die falsche Allee hinauffuhr (zwei Pinien, zwei Zypressen, zwei Pinien, zwei Zypressen); dann das Erstaunen ihrer Gastgeber (aber war es nicht eher ein Erschrecken gewesen, weil die beiden Fremden etwas gesehen hatten, was sie nicht sehen sollten?), als sie bei Tisch das kleine Rudel erwähnte, das Enzo und sie undeutlich gesehen hatten und das ihnen, wenn sie's genau bedachte, eigentlich damals schon ein bißchen unerklärlich, ja fast gespenstisch erschienen war. Und dann die ganze Mahlzeit an jenem Abend mit Puddu (sein letztes Abendmahl, würde sie zu Ornella sagen) mit diesen vulgären Sprüchen und dieser ganzen Spannung, die sie auf das Bestreben zurückgeführt hatte, sich um jeden Preis den besten, aber auch den schlüpfrigsten und korruptesten Jockey des Palio zu sichern.

Um jeden Preis, denkt sie erschauernd.

Niemand ist in der San-Martino-Kurve gestürzt, aber zwei Pferde haben sich an den Matten gestoßen und sind dadurch einige Meter zurückgefallen, die anderen jagen bereits durch die kurze Senke vor dem Palazzo Pubblico, um sich am anderen Ende in die Casato-Kurve zu stürzen, halb verdeckt von den Köpfen der Zuschauermenge. Von ihrem Balkon aus sieht Valeria ein paar Sekunden lang fünfzigtausend dunkle Hinterköpfe jenem Abschnitt des Rennens folgen, dann ist die ganze Masse auf einmal hell, alle Köpfe haben sich mit einem Ruck nach rechts gedreht, und fünfzigtausend Profile füllen den Platz. Noch knapp fünfzig Meter bis zur Startlinie, gleich ist die erste Runde vorbei, und sieben Pferde liegen jetzt vorn.

Erst der Turm. Dann der Adler (und der Hahn). Dann die Giraffe (und der Bär). Dann der Panther (und die Viper).

Valeria nimmt die Verschmelzung hin, akzeptiert die unmögliche Osmose wie eine Wahrheit, die vom ersten Abend an feststand.

Eben deswegen, überlegt sie, hatten die vier (und später dann sechs) Bewohner der Villa sie gleich am ersten Abend so freundlich empfangen, sie dabehalten und wie eine der ihren behandelt: Sie war eine aufgeschlossene Frau, enthusiastisch bereit, sich aus der statistischen Durchschnittlichkeit zu erheben, sich nicht zu versperren gegen das Außergewöhnliche, gegen das Unbekannte. Und eine verliebte Frau, die aus Liebe sogar bereit wäre, zu ...

Die wächserne Hand Guidobaldos liegt immer noch auf ihrer Schulter und drückt sie jetzt leicht, als sie den Kopf zu ihm hebt, um ihn anzusehen. Welche ist deine, unsere Contrade? will sie ihn fragen.

Doch sie erinnert sich an die uralten Bündnisse, die »Parteien«, von denen Ascanio erzählt hat (»auch wenn heute jede Contrade allein zu siegen versucht«), und begreift, daß es keine Rolle spielt, ob Guidobaldo zum Bären gehört, Ranieri zum Hahn und Elisabetta zur Eiche: Wenn Puddu auf dem Pferd der Viper siegt, haben alle Toten Contraden mit ihm gewonnen.

»Viper«, murmelt sie.

»Viper«, schreit sie frenetisch, während Guidobaldos Hand erneut ihre Schulter drückt.

Und ihr eigener Schrei erinnert sie an einen anderen, gellenden, unmenschlichen, in der stillen Nacht voller Düfte und Nebelschwaden ...

Viper, denkt sie erschauernd.

21

Zwanzig Sekunden. Fünfundzwanzig Sekunden.

Ginevras Schrei wiederholt sich, als die sieben Pferde im gestreckten Galopp unter seinem Fenster vorbeikommen, und der Anwalt Maggioni nickt lächelnd. Seine kühle, analytisch beobachtende Distanz erlaubt ihm jetzt, zustimmend lächelnd zu nicken, nicht ohne einen Schuß von Genugtuung.

Ja, so war es, so ist es gelaufen, denkt er, während im Rückblick die Enthüllungen an ihm vorbeigaloppieren. Und ich hab's geahnt, ich hatte es gleich gesagt!

Er nickt noch einmal, und seine lächelnden Lippen imitieren unwillkürlich das Grinsen Puddus, des großen, kaltblütigen Champions, der die Nerven behalten hat, der sich nicht (wie die impulsive Valeria) von den Fehlstarts hat mitreißen lassen.

An vierter Stelle jagt er dahin auf seinem aschgrauen Berber, die Knie fest an die Flanken gepreßt, den kurzen Oberkörper tief über die Mähne gebeugt, die Peitsche frenetisch schwingend. Alle anderen Jokkeys sind größer als er, auch Torcicollo, denn diese Pferde (wie eine dem Anwalt wohlbekannte neutrale Stimme erklärt) sind keine Vollblüter, sondern ziemlich stämmig und schwer, und um sie ohne Sattel zu reiten, ist es besser, kein Zwerg zu sein, sondern lange und starke Beine zu haben. Puddu hat kurze Beine, aber Fersen, Waden, Schenkel (und vielleicht noch anderes) aus Stahl, und genau daher kommen seine zahlreichen Siege, seine legendäre Überlegenheit und sein Ruf als erfolgreicher Liebhaber. Erfolgreich bei Elisabetta. Vermutlich auch bei der Filipina. Und vielleicht sogar bei Ginevra.

Ah, denkt der Anwalt schmerzlich.

Doch die Enthüllungen galoppieren, jagen sich. Von Anfang an war es klar, daß etwas nicht stimmte: der asiatische Diener mit dem großen grünen Regenschirm, die übertrieben herzliche Einladung, dann die trüb erleuchtete, staubige Halle. Nein, diese Vier hatten ihn nicht umgarnen können, hatten ihn nie so recht überzeugt. Nicht mal Ginevra?

Ah, denkt der Anwalt Maggioni, fest an sie gepreßt inmitten der brüllenden Menge. Dreißig Sekunden, und die blonde Schöne beugt sich weit aus dem Fenster, um die flatternde Bluse Puddus zu verfolgen, die leuchtend gelbgrüne Seidenbluse der Viper, die jetzt an der Startlinie angelangt ist und rasant in die zweite Runde einbiegt.

Zwischen den schlanken Fingern, die aus dem Gipsverband ragen, ist plötzlich ein Halstuch aufgetaucht, als wäre es ebenfalls da herausgeschlüpft, ein seidenes Halstuch im gleichen Gelbgrün wie die Bluse, und Ginevra schwenkt es stolz über den Platz, während sie sich mit einem herausfordernden und komplizenhaften Lächeln zu dem Anwalt umdreht.

Er nickt zustimmend zu der neuen Enthüllung, zu dem aufgemalten Reptil, das sich da in den Falten der Seide windet, zu der biegsam-schmiegsamen kleinen Viper (aha, also nicht Gazelle, nicht Hindin!), die sich da züngelnd in seinen Armen regt.

So ist es also gelaufen, denkt er. Das war es.

Auf unerklärliche Weise in die Gespensterwelt der Toten Contraden hineingezogen, vielleicht gesucht, gerufen von jenen seit Jahrhunderten ausgeschlossenen Schatten, vielleicht auch gezwungen, oder getrieben von eigenen obsessiven, manischen Ambitionen, vielleicht auch selber schon angesteckt von einer gespenstischen Inkonsistenz, haben sich die Bewohner der Villa zu einer letzten »Partei« zusammengetan, zur letzten, den Toten gewidmeten Allianz vor dem Palio. Einer für jede Contrade: die sechs Kapitäne der unterdrückten Contraden, wer weiß wie lange schon auf die okkulte Revanche, auf die tödliche Rache sinnend, die Pferde längst ausgelost und hinausgeschickt in die Macchia, um durchs Zwielicht des Regens zu galoppieren, fünf Jockeys schon zum Leben erweckt aus den Pergamenten alter Archive, aufgelesen aus dem Staub aller Rennen der Geschichte von Siena.

Wer von ihnen hatte wohl die Idee mit Puddu gehabt? Oder war es vielleicht ein Befehl gewesen, den die Sechs in blindem Gehorsam befolgten? Um eine ihrer Contraden den Palio gewinnen zu lassen, brauchten sie den König der Jockeys. Aber natürlich auch ihn als Toten. Erst mußte auch er hinübergegangen sein in die unüberschaubare Riesen-Contrade der Verblichenen.

Also haben sie den König der Jockeys mit dem Versprechen eines lukrativen Komplotts geködert, haben ihn in die Villa gelockt, umschmeichelt, ihm eingeredet, er könne den Coup seines Lebens landen, den Verrat der Verrate begehen, der ihn für immer sanieren werde. Und der kaltblütige, zynische, superschlaue Puddu ist darauf reingefallen, hat nichts gemerkt, hat diesen Fehlstart nicht gerochen.

Der Anwalt Maggioni sieht die gelbgrüne Bluse zum zweiten Mal den Balkon des Circolo degli Uniti passieren und fragt sich, ob auch Valeria sieht, was er sieht, und wenn sie es sieht, wieviel sie davon begreifen mag. Vielleicht weniger als er. Vielleicht ist das Ganze für sie bloß eine neue aufregende Entwicklung, die sie mit absoluter Natürlichkeit einfach schluckt, ohne lange zu diskutieren, ohne sich lange mit Differenzierungen aufzuhalten. Eine willkommene Bereicherung ihrer ohnehin schon mit allerlei Phantasien bevölkerten Welt.

Oder aber (und plötzlich taucht eine neue Lösung auf, eine neue Enthüllung löst sich aus dem Pulk) es ist gerade sie, die mehr sieht, die instinktiv mehr begreift. Vielleicht ist Valeria die Privilegierte, die Auserwählte. Sie, die den Anwalt in die falsche Allee gedrängt hatte; sie, die als erste die schemenhaften Pferde am Hang gesehen hatte; sie, die dem zum Tode verurteilten Beißer die letzte Wollust geboten hatte.

In was wird er jetzt beißen, fragt sich Valeria auf ihrem Balkon, als Puddu, während er einen raschen Blick nach hinten wirft, sein bleckendes Grinsen zum zweiten Mal an sie zu richten scheint. Wird er seine Zähne in Hektoplasmagesäße schlagen, ätherische Hintern im Jenseits beißen?

(Und sie findet sogar noch die Zeit, sich als treusorgende Gattin zu fragen, ob auch ihr Mann wohl jetzt sieht, was sie sieht, und ob sie wohl hinterher miteinander im Auto, im Bett und bei Tisch von diesem gemeinsamen und verblüffenden Urlaubserlebnis werden sprechen können, von dieser »zusätzlichen Erinnerung« ihres Ehelebens.)

Sie war es schließlich, denkt ihr Mann, die jenen nächtlichen Schrei gehört hat, der so tierisch klang, aber weder von einer Eule noch einer Ratte kam.

Was wollte der Beißer da draußen in jener Nacht? Hatte er ein Rendezvous mit der Filipina? Ah, nein, denkt der Anwalt, nein. Das Rendezvous hatte er mit der kleinen Viper, die immer noch neben ihm ihr Symbol aus dem Fenster schwenkt und die den geilen Puddu in jener Nacht mit dem Köder ihres biegsamen Leibes in die Macchia gelockt haben mußte. Ihr war die Aufgabe zugefallen, den Backenkneifer »hinüberzuexpedieren«. Ein Ritual vermutlich. Eine festgelegte, vorbestimmte Zeremonie, vielleicht in einem Kreis von Stein- und Zwergeichen, umgeben von anderen, unsichtbaren, unnennbaren Präsenzen. Ja, so muß es gewesen sein: Er nähert sich, sieht sie im Mondschein mitten auf einer Lichtung stehen, stürzt sich auf sie (ohne zu ahnen, daß es der letzte Start seiner irdischen Karriere sein wird). Und sie (noch stehend? vorher?) schlingt ihm die Arme um den Hals (oder schon liegend? hinterher?), bindet ihm das seidene Tuch um, knotet es zärtlich und sorgfältig fest und löst sich geschmeidig von ihm. Und das seidene Tuch beginnt sich zu regen, verwandelt sich, züngelt, die Schlange der Letzten Contrade schlägt ihre Giftzähne in den Hals des Unbesonnenen. Dann der entsetzliche Todesschrei, die wankenden Schritte zurück bis zur Villa, durch die Glastür in die Bibliothek, vor den unausgeräumten Kamin. Und der Zusammenbruch.

Ja, so müssen sie ihn gekriegt haben, den König der Jockeys, den unbesiegbaren Champion.

Ein Hymnus begeisterter Lust am Entsetzen begrüßt den Zusammenprall zwischen Pferden und Matten in der San-Martino-Kurve. Ein Tier liegt strampelnd am Boden, verzweifelt bemüht, wieder hochzukommen, man möchte meinen, ein auf dem Rücken liegendes Rieseninsekt mit tausend zappelnden Beinen. Neben ihm schwankt benommen der Jockey des anderen in den Sturz verwickelten Pferdes, das jetzt allein weiterrennt, seltsam nackt und verletzbar auf der Piste (wenn es als erstes durchs Ziel gehen sollte, erklärt die dem Anwalt wohlbekannte neutrale Stimme, ist es der Sieger, auch ein Pferd ohne Reiter kann den Palio gewinnen).

Aus dem Pulk der Übriggebliebenen (es war die Giraffe, die gestürzt ist, und der Bär hat seinen Jockey verloren) löst sich mit großen Sprüngen der Adler, erreicht den Panther und überholt ihn, doch unter dem Fenster des Anwalts legt Torcicollo mit der Peitsche los, es kommt zu einem wütenden Zweikampf, der Adler gibt auf, der Pulk tobt vorbei, überquert die Startlinie und geht in die letzte Runde.

Nur diese Runde bleibt mir noch, um zu begreifen, was ich sehe, denkt der Anwalt, und warum ich es sehe. Eine unangenehme Enthüllung, eine bittere Erkenntnis drängt sich ihm auf: Die sechs Bewohner der Villa *wollten* uns hier haben, meine Frau und mich, sie wollten uns hier als Zeugen haben, damit sie nicht die einzigen lebenden (»lebenden«?) Wesen auf dieser Piazza, auf dieser Erde sind, die den Palio ihrer auferstandenen Contraden sehen. Das ist ihr wahres Motiv, alle anderen in den letzten drei Tagen deutlich gewordenen, deklarierten oder nur suggerierten waren falsch, Illusionen, Vorwände, um uns festzuhalten. Sie brauchten uns, um ihrem gespenstischen Rennen eine Substanz zu verleihen, es irgendwie zu bekräftigen, ihm Fleisch und Bein zu geben, es aus dem Schattenreich des Virtuellen oder bloß Eingebildeten in die Realität zu holen.

Wieso gerade uns? Was haben wir denn Besonderes? Nichts. Aber das ist es ja gerade. Durchschnittstypen, durchschnittlich lebend, statistischer Mittelwert sind wir, ausgewählt gerade deswegen, weil wir hier so fremd sind, weil wir hier keine Interessen verfolgen. Champions auch wir, aber Champions der Normalität. Ausgewählt letzten Endes – denkt der Anwalt Maggioni – durch das Los, das ironische und verfilzte Los von Siena.

In den fünfzehn, zwanzig Sekunden, die bis zum Ziel noch fehlen, meditiert er über sein Durchschnittsschicksal, über die Wahrscheinlichkeit, daß ein Ehepaar wie die Maggionis in ein so ungewöhnliches Abenteuer gerät – und dabei merkt er, daß die Sache noch nicht ganz aufgeht, daß noch zu vieles nicht überzeugt, daß die letzte Enthüllung sich noch im Innern des wirbelnden Haufens verbirgt, zwischen Tod und Leidenschaften und Scattomint und Coca-Cola, zwischen Carabinieri, Gärtnern, Ameisen, Spülmaschinen, Fahnen, Palästen, alten Gebräuchen, X-100-Reifen...

Wie viele unter den Zigtausenden auf der Piazza mögen es sein, die sehen, was er sieht? Nur Valeria und Ginevra und ihre Komplizen aus den unterdrückten Contraden? Oder gibt es verstreut in der Menge noch andere, die das Los zu dieser letzten, höchsten Erkenntnis ausersehen hat, zu dieser seherischen Vision? Oder sind es womöglich alle, weil sich der Schleier zwischen realen und virtuellen Contraden wie durch ein Wunder plötzlich aufgelöst hat und die Stadt (die Welt) nichts anderes mehr ist als ein gleichförmig buntes Gaukelwerk?

Aber in diesem Fall (ja, hier springt eine neue Lösung hervor) geht von der Villa dort oben ein wahrhaft tödlicher Einfluß aus, eine unheimliche, zerstörerische, zunehmende Strahlung, die das Leben zersetzt, den Sinn des Lebens aushöhlt. Und wir sind in jenes Netz geraten wie Fliegen ins Spinnennetz, sind ausgelutscht worden von jenen sechs Spinnen oder Vampiren, die dort oben die Welt bedrohen... Oder (noch eine Enthüllung prescht vor) das Ganze war nur ein Experiment. Nicht Zeugen sind die armen Maggionis, sondern Versuchskarnickel, eingeführt in ein künstliches Labyrinth, um zu sehen, wie sie zurechtkommen, wie sie von Fall zu Fall reagieren, von überraschender Wendung zu überraschender Wendung, von Situation zu Situation, bis ihnen das dünne Häutchen platzt, das zwischen Möglichem und Unmöglichem trennt...

Seinen letzten Angriff unternimmt Torcicollo (sagt die neutrale Stimme) nach der San-Martino-Kurve, als sich an der Spitze des Feldes, mit zwei Längen

Vorsprung, der rotbraune Berber des Stachelschweins zu behaupten scheint. Der Rappe des Panthers erreicht ihn nach wenigen Metern, überholt ihn, und in der Casato-Kurve liegt er eindeutig vorn und braucht nur noch fünfzig Meter bis zum Sieg.

Aber der Anwalt Maggioni (und wie viele andere mit ihm?) weiß und sieht, daß es nicht so ist.

Torcicollo dreht sich ein erstes Mal zurück, um den Vorsprung vor seinen Verfolgern zu schätzen, dann ein zweites, ein drittes Mal, immer mit jenem kurzen, schnellen Drehen des Halses, das ihm seinen Spitznamen eingebracht hat. Beim vierten Mal ist sein hageres dunkelbraunes Gesicht entstellt vor Entsetzen. Die weitaufgerissenen Augen starren ins Leere, die Peitsche schlägt durch die Luft in einem verzweifelten Abwehrkampf gegen das Nichts.

Und aus dem Nichts, aus der Leere überfällt ihn sein toter Rivale, bedrängt ihn, schlägt ihn, hält ihn am Zügel fest, beschimpft ihn gräßlich mit seinem giftigen Schandmaul und jagt ihn zurück in den Pulk der Verfolger, der ihn im Nu verschluckt, überholt und hinter sich läßt im Gestiebe des aufgewirbelten Sandes.

Jemand gewinnt dann.

Aber als erster durchs Ziel gegangen ist der fahle, aschgraue Berber der Viper, den Puddu mit hängendem Zügel noch weitertraben läßt bis unter Valerias Balkon.

22

Grau ist das Pferd, grau ist auf einmal der Reiter unter ihrem Balkon, den Valeria mit einer halben Geste grüßt; und der Sieger antwortet nicht mit seinem üblichen Grinsen, sondern mit einem halben Lächeln. Ein dunkles Gefühl von Affinität zuckt wie ein matter Stromstoß zwischen den beiden auf, entzündet ein Glimmen und Knistern: ferne, undeutbare Signale. Die Vorstellung ist zu Ende.

Ich bin aus meiner Welt ausgetreten, wird Valeria sich zufrieden sagen, ich habe für einen Moment das Unmögliche gesehen (und werde darüber mit meinem Mann sprechen, mit meiner Freundin Ornella).

Man hat mich aus meiner Welt gerissen, wird Puddu sich bitter sagen, aber für einen unmöglichen Moment bin ich zurückgekehrt.

Das müssen sie gesehen, das müssen sie begriffen haben, bevor sie die Schultern krümmen und sich wieder passiv in ihre stillen Kulissen verziehen, auf der einen wie auf der anderen Seite des Schleiers.

Denn dies ist auch der Moment, in dem der Schleier von den Augen des Anwalts fällt und die letzte Enthüllung eindeutig siegt: evident, sarkastisch und deprimierend.

Es ist die Erkenntnis der Erkenntnisse, die Konstatierung der Konstatierungen.

Ah ja, natürlich, begrüßt sie der Anwalt ohne Freude, ohne jede Erleichterung.

Im Wimmeln und Rauschen der auseinanderlaufenden Menge, in ihrem grauen Krisseln, in dem leicht trapezförmigen Rahmen mit abgerundeten Ecken, den die Palazzi rings um die bauchige Wölbung der Piazza bilden, erkennt er endlich die Form, die Chiffre, die er drei Tage lang vor Augen gehabt hatte: einen Bildschirm, die Mattscheibe eines Fernsehers.

Ah ja, denkt er ohne Emotionen.

Wie eine Bildstörung, ein elektronischer Wirbelsturm, erinnert er sich gedacht zu haben, als er die Farben im Hagel erlöschen sah und die Windschutzscheibe grauweiß und milchig wurde. Wie der Bildschirm eines wildgewordenen Fernsehers, erinnert er sich, hatte die Scheibe im Prasseln des Hagels ausgesehen, im Grollen des Donners und Zucken der Blitze.

Ja, das muß der Zeitpunkt gewesen sein – an jenem bestimmten Kilometer der Straße zwischen Arezzo und Siena –, an dem sich das Phänomen ereignet hatte: der fatale Übergang, der Sprung ins Innere einer Fernsehwelt.

Natürlich, so wird alles klassifizierbar, so wird alles begreiflich!

Drei Tage lang vage Spannung, abgedroschene Rätsel, wiederkehrende Situationen, dazwischen ein Strom aufdringlicher Werbebilder. Drei Tage lang altbekannte Stimmen, altbekannte Sprüche, altbekannte Verwicklungen und verstaubte Tricks, dazwischen Pausen und Wiederaufnahmen, Unterbrechungen, Störungen, Konfusionen und Inkongruenzen.

Und ich, fragt sich der Anwalt leicht melancholisch, ich war dann also die ganze Zeit einfach bloß *das* gewesen? Weder Zeuge noch Opfer, nicht Fliege im

Netz, nicht Versuchskaninchen, einfach bloß ein normaler, durchschnittlicher Fernsehzuschauer mit einer normalen, durchschnittlichen Ehefrau, die mit der Fernbedienung andauernd umschaltete von einem Kanal auf den anderen, von einem normalen Durchschnittsprogramm auf das andere?

Bloß das, konstatiert er nüchtern.

»Sooo!...«, seufzt zufrieden die amerikanische Zuschauerin, nimmt ihr Fernglas, bleibt aber noch am Fenster, um die letzten Sequenzen zu sehen.

Die Angehörigen der vermeintlich siegreichen Contrade haben die Absperrgitter überrannt und versammeln sich vor der Schiedsrichtertribüne, verteilen sich über die ganze Piste, bilden lärmende Strudel, Wellen und Wirbel in einem mehr wilden als fröhlichen Überschwang, vermischen sich mit den Angehörigen der befreundeten und alliierten Contraden, rennen zu Keilen formiert durch die niedergeschlagenen Reihen der gegnerischen Contraden, wobei es zu Püffen und Stößen kommt, zu Schmähungen und obszönen Gesten, Grimassen und kolossalen Beleidigungen.

»Oh!« ruft erschrocken die amerikanische Zuschauerin. »Oh, nooo!...«

Torcicollo, den die aufgebrachten Anhänger der Panther-Contrade beschuldigen, einen fast schon gewonnenen Palio bewußt verloren zu haben, ist durch eine der schmalen Gassen, die auf den Platz einmünden, entflohen; er wird die Nacht in einem Versteck verbringen, skeptischen Vertrauten seine Version erzählend.

»Weeell! ...«, schließt die Amerikanerin und schenkt dem Anwalt Maggioni ein letztes freundliches Lächeln.

Auch Ginevra lächelt ihn an, aber wortlos, ohne ihm etwas zu sagen, ohne ihm etwas vorzuschlagen. Sie hat bereits einen kleinen Schritt rückwärts getan, ihre Hüfte streift ihn ganz leicht an der seinen, ihre Hände haben sich vom Fensterbrett gelöst, das gelbgrüne Halstuch ist verschwunden.

»Gut«, sagt der Anwalt.

Der Palio ist gelaufen, das Programm ist zu Ende. Auf dem riesigen muschelförmigen Bildschirm erscheint, in immer größer werdenden Flecken, wieder das rotbraune Ziegelpflaster, und langsam leeren sich auch die Tribünen, Balkone und Zinnen, die Fenster sind nur noch schwarze Augenhöhlen, ein paar Gestalten sitzen noch auf den Marmorsteinen der Fonte Gaia, der einsame Zuschauer in der Turmuhr hat seinen Platz verlassen, das Loch im Zifferblatt ist jetzt leer.

Ginevra macht einen zweiten Schritt rückwärts, hin zu dem bunten Gewimmel der Gäste, die nach der langen Reglosigkeit jetzt lärmend durch die Räume eilen, einander rufend, sich voneinander verabschiedend, einander suchend.

Ob Valeria wohl herkommen wird, um mich hier zu suchen? fragt sich der Anwalt mechanisch. Oder wartet sie, daß ich hinkomme?

Und wird sie wohl, fragt er sich weiter, sofort nach Mailand zurückfahren wollen (»Nein, weißt du, nach all diesen Aufregungen will ich nichts anderes als nach

Hause, ich bin immer noch ganz geschockt«), oder wird sie statt dessen auf dem alten Programm insistieren (»Du wirst schon sehen, eine Woche auf Paolinos Hof ist genau das, was wir jetzt brauchen, um uns zu erholen, es wird uns beiden guttun«). Der klare Schnitt, das authentische Leben auf der Ranch, im Kontakt mit dem Boden, mit der Natur...

Er dreht sich um, und Ginevra ist nicht mehr da; er sieht nur gerade noch einen Moment, fern im Gedränge vor einer Tür, ihren zarten, herzzerreißenden Rücken und ihr langes Haar auf dem weißen Kleid, dann ist auch die Hindin-Madonna-Katze-Viper verschwunden.

»Gut«, murmelt der Anwalt.

Aus Trägheit oder weil er nicht anders kann, denkt er Banalitäten: der Zauber gebrochen, der Traum vorbei, es konnte nicht dauern, besser so... Und fühlt sich wie ein gewöhnlicher Mülleimer voller gewöhnlichem Müll: der alte Maggioni.

Als er sieht, daß auch die Piazza sich dem allgemeinen Abgang ergeben hat, daß die Dämmerung alle Farben aufgezehrt hat und der Bildschirm erloschen ist, macht er sich auf die Suche nach dem Ausgang, durchquert zwei, drei Räume voll rauchender, redender, trinkender Leute (Merit und Campari, Camel und Chivas Regal), findet die düstere breite Treppe, geht sie hinunter, tritt aus dem Haus und macht sich auf den Weg durch das Straßengewühl zu Valeria, die Gedanken intensiv damit beschäftigt, den Ablauf des ganzen Films noch einmal möglichst genau zu rekonstruieren.

Zuerst der Hagel, ja.

Eine verrückte Dislozierung, eine absurde, unbegreifliche Dimensionenverrückung. Aber die Beweise sind unwiderleglich, wenn man sie im Rückblick betrachtet, Sequenz für Sequenz, Szene für Szene, Moment für Moment.

Der Anwalt erinnert sich, wie ihm die Bilder eins nach dem anderen vor Augen traten. Zuerst der Werbespot mit den zuverlässigen X-100-Reifen, die sich in die zusammengebackene Eisschicht krallten, dann dasselbe Bild noch einmal auf der schlammigen kurvenreichen Allee. Dann das Auftauchen des schwarzen Hundes, ein leicht zu deutendes Vorzeichen für mysteriöse Begebenheiten und Tod; und die kurze, beunruhigende Vision der Pferde im Regen. Dann die vieldeutige Fassade der hochherrschaftlichen Villa, die das Vorspiel zu allen möglichen Weiterentwicklungen sein konnte: zum erhebenden Schicksalsdrama einer großen und reichen Familie wie zu den schändlichsten sadomasochistischen Greueln oder zu den zartesten Seelenidyllen oder auch zu ...

Von einem Schwall im Passantengewoge an eine Schaufensterscheibe gedrückt, sieht der Anwalt sich plötzlich Auge in Auge mit einer Waschmaschine. Das gläserne Auge fixiert ihn.

Deshalb war ich so wachsam, denkt er. Deswegen hatte ich immerzu diesen Argwohn, diesen Verdacht.

Er erinnert sich an das Mißtrauen, das ihm der Filipino einflößte. Er erinnert sich an die manierierte Höflichkeit Guidobaldos. Er erinnert sich sehr genau an sein eigenes Unbehagen, seine Beklommenheit, sein unheimliches Fremdheitsgefühl. Und an die hanebüchene Entwicklung in der dämmrigen Galerie, an den Biß des Gnoms und die peinliche Schlüpfrigkeit der armen Valeria.

Das war, denkt er im Weitergehen, umtost von Jubelgesängen, hin und her gestoßen von lärmenden Scharen, die kreuz und quer durch die engen Straßen von Siena ziehen – das war ohne Zweifel das erste Klicken der Fernbedienung, der erste Wechsel von einem Kanal zum anderen: vom Krimi zum Porno. Und kurz darauf die Madonna, die Fee, die unmögliche Liebe: Ginevra. Erneutes Klicken: die Szene vor dem Kamin, die er spontan (und so treffend!) mit einer Whisky-Reklame verglichen hatte. Ende der Werbung, zurück zum Krimi (zum selben oder zu einem anderen substantiell gleichen) mit rätselhaftem Asiaten, Geheimtür, Todesschrei in der Nacht und Leiche in der Bibliothek...

Erneut vor einem Schaufenster stehend, diesmal vor einem dunklen mit rustikalen Tischen und Stühlen, läßt der Anwalt noch einmal unerbittlich alle Bilder der letzten drei Tage an sich vorüberziehen.

Kein einziges findet Gnade. Der »Krimi«, abgedroschen und manieriert, nicht mal ein anständiger Polizist. Das Verhalten des Maresciallo, scheinbar bürokratisch, in Wirklichkeit bloß dilettantisch. Der übertrieben neapolitanische Akzent des Staatsanwalts, ein abgeschmacktes Klischee. Und diese lächerlichen Ermittlungen, linkisch durchgeführt, mit ihrem Reigen kindischer Verdächtigungen und idiotischer Hypothesen...

Kein Wunder, denkt der Anwalt, daß die Fernbedienung hektisch nach etwas anderem suchte, klick, klick, klick... Nur waren auch alle anderen Programme schrecklich. Zum Beispiel ein endloser Dokumentarfilm über den Palio, vollgestopft mit historischen Hinweisen auf das Mittelalter und langatmigen technisch-folkloristischen Erklärungen. Armes Italien! Klick: Nescafé, Cornflakes, Küchengeräte. Nein danke! Klick: frustrierte libidinöse Hausfrau und sturer schlaffer Gatte, Ehekrise, Tränen, Szenen, kurzer Austausch von Gemeinplätzen. Ogottogott! Klick: Shampoo und Scattomint. Klick: Amour fou zwischen kleinbürgerlicher Dame und raffiniertem Aristokraten sowie, parallel, zwischen Anwalt mittleren Alters und jungem Mädchen ohne Komplexe, mit alternierenden Szenen reiner Einfalt und nackter Körper, im Bett oder auf dem Boden, Stöhnen, Keuchen, Zähnegefletsche und langes Geseufze. Meine Güte! Dazu der heimische Western mit Paolino als ständige Drohung, mit Ranch in den Hügeln und Koppeln und Fohlen und großkarierten Hemden und Schweiß auf der Stirn. Geschenkt, könnt ihr haben! Und behaltet auch gleich das Trällern und Hopsen der kleinen Cinzia (mit eingeschobenen Tennis-Reportagen), behaltet ihre Limo-Dose und den Nescafé ihres falschen Opas, behaltet die pedantischen Wetterprognosen und die aktuellen Nachrichten aus Politik und Wirtschaft, zusammengestellt von den beiden Freunden aus Rom. Behaltet alles, steckt's euch an den Hut!

Der Anwalt macht sich erneut auf den Weg. Siena erstreckt sich, murmelt eine wohlbekannte Stimme, über mehrere steile Hügel, und die Niveauunterschiede zwischen den einzelnen Contraden sind zum Teil...

Der Anwalt bleibt stehen.

Mein Gott, denkt er, ich bin in einen Dokumentarfilm über Siena geraten!

Er hebt den Kopf und sieht die gotischen Fenster eines alten Palazzos. Seine Schultern berühren die schmiedeeisernen Ringe in der Fassade eines anderen ehrwürdigen Gebäudes.

Er versucht, an Mailand zu denken, an den Corso di Porta Romana, an eine Ampel in der Via Fatebenefratelli. Aber die Reportage über den Abend des Palio ist stärker, Horden grölender Landsknechte strömen aus allen Gassen, Fahnen und Tücher flattern von neuem, während geschmetterte Arien, Jubelchöre, Schreie, Pfiffe, Freudenrufe und Flüche den Lärmpegel der Tonspur ins Unerträgliche steigern.

Das Refugium eines Torwegs erweist sich als eine Falle. Am anderen Ende des Bogengangs öffnet sich ein quadratischer Hof, dunkel wie der Grund eines Brunnens, die Fenster ringsum bewehrt mit enormen rostigen Eisengittern. Vierzehntes Jahrhundert? Sechzehntes? Ein schwacher Lichtschein aus einem Eckfenster zwingt den Zuschauer Maggioni zu einer Wahl zwischen mehreren gleichzeitig laufenden Spielfilmen: Da drinnen könnte ein adliges Fräulein schmachten, von seinem bösen Onkel in Ketten gelegt, oder (klick) eine Abteilung spanischer Wachsoldaten beim Kartenspiel sitzen oder (klick) ein gebildeter Jüngling über verstaubten alten Handschriften brüten, um eines Tages Papst Piccolomini alias Pius II. zu werden.

Ich muß hier raus, denkt der Anwalt, raus aus diesen Kanälen. Doch da enthüllt ihm ein letzter Blick (klick) das metallische Schimmern eines Wagens der oberen Mittelklasse in der gegenüberliegenden Ecke. Fiat? BMW? Renault? Ist *das* der Endzweck dieses prächtigen Renaissance-Dekors?

Der Anwalt flieht fast im Laufschritt hinaus und (klick) bahnt sich mit Schultern und Ellbogen einen Weg durch das animalische, rein organisch wimmelnde Leibergewühl der festlichen Straße. Klick. Ein Mann allein, der verzweifelt durch eine achtlose Menge hastet auf der Suche nach seiner Frau. Auf seinen Lippen ein Name: Valeria!

Klick, denkt der Anwalt im Laufen, im Fliehen. Er stürzt sich in eine grabesstille Seitengasse zwischen hohen nachtschwarzen Mauern, hastet ausgetretene Klinkerstufen hinunter, stößt sich einer Mauer, dann an der anderen, verfolgt von (klick) finsteren Meuchelmördern, arabischen, sizilianischen, türkischen oder bulgarischen Killern. Keuchend bleibt er am Ende der Treppe stehen (Siena ist auf mehreren steilen Hügeln erbaut...), flieht aber gleich weiter, als er neben einem Portal aus Bossenquadern ein Reklameplakat für Lines-Windeln (vierzehntes Jahrhundert?) erblickt.

23

Die Umgebung von Siena ist voller Anmut, murmelt die wohlbekannte Stimme: sanfte Hügel und kleine Täler, verstreute Dörfchen (hier »die Massen« genannt) und zahllose Villen, Landhäuser, Klöster, Kirchen, Kunstdenkmäler, die den Touristen nicht immer bekannt sind.

Doch vor den Augen des Anwalts Maggioni, der sich jetzt an ein Mäuerchen lehnt, das eine leere und fast schon ländliche Gasse säumt, liegt die Landschaft gleichförmig flach im Dunkel. Kein Bauwerk zeichnet sich ab. Die nächtlichen Lichterpunkte lassen die Falten, das wellige Auf und Ab des Geländes nur ahnen.

Klick? fragt sich der Anwalt. Aber nichts verändert sich, weit und breit keine Regung, sogar das monotone Murmeln der Stimme versickert allmählich im Schweigen.

Nur das also? Ist nur das authentisch? Gibt es keine andere Realität als das große Schweigen, die dunkle Leere des Alls?

He, he, Moment mal, nicht so schnell, protestiert der Anwalt, dem plötzlich etwas zu dämmern beginnt (und er wehrt sich erschauernd dagegen, versucht es zurückzudrängen, die Erkenntnis hinauszuzögern), nämlich ein letzter Theatercoup, die höchste Enthüllung, die blendende Offenbarung.

Doch er protestiert vergeblich, denn aus dem Niesen, das ihn jetzt schüttelt, scheint dort hinten plötzlich ein autobiographischer Mond hervorzuspringen, der ihn autobiographisch anklagt.

Ich habe nichts getan, ich bin von den Umständen überrollt worden, von der Statistik, vom Los, verteidigt sich der Anwalt.

Aber es hilft nichts, hinter der klaren Mondscheibe sieht er die Ränder anderer Monde, trüberer Monde auftauchen, einen hinter dem anderen in langer Reihe, wie eine Münzrolle, die sich endlos in die Vergangenheit schlängelt. Und es sind lauter falsche Münzen, er muß es zugeben, und er selber war es, der sie geprägt hat, nicht erst seit heute, nicht erst seit dem Hagel, schon lange vorher, schon immer.

Falsche Monde, die mit ihrer Falschheit bereits den Schüler Maggioni bestrahlten, der schon in der Schule Scattomint lutschte; den feschen Jüngling Maggioni, der auf den neuesten Skiern steile Pisten hinunterraste oder auf der Vespa über die Küstenstraßen mit einem Mädchen, dessen Haare (frischgewaschen) im Wind flatterten; den Studenten Maggioni, der entfesselt im Rhythmus irgendeiner modischen Jaulmusik zuckte und dann schmachtend vor den Fenstern der Angehimmelten stand; den monotonen Ehemann und pompösen Vater Maggioni, den Gourmet Maggioni, Entdecker erlesener Restaurants und typischer Regionalgerichte, den Touristen Maggioni in Ägypten, auf den Seychellen; den kampflustigen Maggioni, Verfechter origineller Ansichten über Politik, Erziehung, Sport, Gesellschaft, Philosophie; den brillanten Maggioni, immer gut für geistreiche Aperçus über die Mode, das Wetter, den Terrorismus, die Frauen, den Dollar, das Autofahren, das Whiskytrinken, den letzten Nobelpreis, den Verbleib der Werke von Sodoma...

Mein Gott, was habe ich getan? fragt sich der vernichtete Maggioni in der Nacht von Siena. Was habe ich mein Leben lang gesagt, gedacht, geglaubt?

Alles kehrt sich mit einem Mal um: Es hat keinen Übergang, keinen Sprung, kein unmögliches Hinübergleiten in eine elektronische Bilderwelt gegeben. Was er in den letzten drei Tagen gesehen hat, war keine ungefähre Imitation des Lebens, sondern das Leben selbst. Dies ist die letzte, definitive Wahrheit. Die Chiffre, die er so lange gesucht hat, ist die Ziffer Null.

Also nicht nur ich, denkt er, sondern alle, ob sie es wissen oder nicht! Alle sind pathetisch und hoffnungslos in diesem wirren Netz gefangen, in diesem doppelten Boden voller altem Gerümpel, in diesem Arsenal von Klischees und Stereotypen, in dem wir das, was uns zustößt, was wir erleben, im Handumdrehen nicht mehr unterscheiden können von dem, was wir nur träumen, uns einbilden, imitieren, uns wünschen, simulieren, flüchtig und falsch wahrgenommen haben, seit wir geboren sind.

Ein ununterbrochenes Wiederkäuen, ein einziges unaufhörliches Doubeln aller durch alle.

War das schon immer so? fragt sich der gedoubelte Anwalt, während ein zweites Niesen ihn schüttelt. Seit Anfang der Zeiten?

Welchen Prozentsatz an Authentizität, überschlägt er fieberhaft, mochten die Franken und Langobarden gehabt haben? Vielleicht 77%? Vielleicht 90%? Und die Freien Kommunen, der Humanismus, die Renaissance, die Pestilenzen, Belagerungen, Hungersnöte, Violante von Bayern, Duccio di Buoninsegna? Waren sie alle real, alle echt und genuin wie Paolinos Zwiebeln? Alle makrobiotisch?

Wer soll das schon wissen? seufzt er niedergeschlagen. Wer kann da schon klarsehen, in dieser exponentiellen Menge von halben Schatten, Halblebendigen, ungewissen, unsicheren Komparsen, unbeholfenen Doubles, die vielleicht schon seit unvordenklichen Zeiten die Noble Contrade der Erde bevölkern? Schwankende Gestalten allzumal, treulos und falsch, Betrüger und Fälscher, ich voran.

Und auf einmal erfaßt ihn ein Gefühl der Rührung, eine zärtliche Aufwallung für die geschmähte Stadt, diesen magischen Spiegel, in den er drei Tage lang blicken durfte, um das Leben in seiner geheimsten Funktionsweise zu beobachten, die Wirklichkeit in ihren innersten, klebrigsten, schmutzigsten Mechanismen zu sehen.

Ja, auf einmal erscheint ihm die Stadt als der klarste, plausibelste und konkreteste Ort, den er jemals gesehen hat, eine rare Oase der Gewißheit; und ihre sechs Einwohner präsentieren sich ihm als echte Freunde (ja, Freunde!), Wesen von einer kostbaren, unverfälschten Substanz.

Sie wenigstens, ja, sie gehören zur Contrade der legitimen Phantome, der ehrlichen und bewußten Gespenster, und ihr okkultes Rennen, ihr unsichtbarer Palio war nichts anderes als eine gerechte Rache an uns allen, die wir die wahren Larven sind, die faden und widerrechtlichen Okkupatoren der Contraden dieser Welt.

Bravo, applaudiert ihnen der Anwalt lautlos, sie haben vollkommen recht, zu 100%!

Der Mond ist kalt, die Luft ist frisch, der Anwalt sucht in der Hosentasche nach einem Tuch, um sich die Nase zu schneuzen. Seine Finger berühren Seide, ziehen ein weiches gelbgrünes Bällchen hervor, auf seiner Wange spürt er ein leichtes Schnippchen.

»Dieser Teil von Siena«, informiert ihn der allwissende Ascanio, »gehörte früher zum Gebiet einer der unterdrückten Contraden...«

Alle sind sie plötzlich um ihn versammelt, die sanften, einschmeichelnden, unwiderstehlichen Sieger. Ascanio in seiner ganzen Hagerkeit, Elisabetta in ihrer langfransigen Stola, Guidobaldo mit seinem mondrunden Arschgesicht, die beiden Freunde aus Rom in ihren dunklen Anzügen, etwas abseits. Und Ginevra, die sich jetzt auf das Mäuerchen neben ihn setzt und sich bei ihm einhakt.

»Hast du es mir in die Tasche gesteckt?«

»Ja.«

»Willst du, daß ich es mir umbinde?«

»Ja.«

He, langsam, Moment mal, zögert der normale Durchschnittsanwalt Maggioni.

Das ja, überlegt er, das wäre nun wirklich ein klarer Schnitt. Er denkt an Paolino zwischen seinen Marmeladen, er denkt an Valeria, die sich am Ende vermutlich auch dort oben hinauf zurückziehen wird, um zwischen den Fliegen ihre luftigen Träume zu kultivieren.

Seine normale Durchschnittshand fährt erneut in

die Hosentasche, trifft auf die Scattomintschachtel, zieht sie hervor und präsentiert sie dem Mond, dem All.

Aber jetzt, nach dem Palio der Toten Contraden, nach dem Palio der Enthüllungen, verspürt da etwas oder jemand in ihm (vielleicht sein eigener Schatten, den er im Mondlicht auf die antiken Steine von Siena wirft) ein großes Desinteresse, ein Gefühl von zunehmender Inkompatibilität zwischen sich und der Scattomint-Contrade: das Wissen, daß er in ihr nicht mehr leben kann.

Viellcicht ist es sein eigener Schatten, der da für ihn spricht, während seine Hand ohne Bedauern die Bonbonschachtel über das Mäuerchen fallen läßt.

»Warum bindest du's mir nicht um?«

Ginevra entfaltet das Halstuch, faltet es zu einem langen dünnen Streifen zusammen und schlingt die seidene Viper zärtlich um den Hals des Anwalts Maggioni, des willigen, zustimmend lächelnden Phantoms.

Giorgio Bassani

Die Brille mit dem Goldrand
Erzählung. Aus dem Italienischen von Herbert Schlüter.
106 Seiten. Serie Piper 417

Ferrareser Geschichten
Aus dem Italienischen von Herbert Schlüter.
250 Seiten. Serie Piper 430

Die Gärten der Finzi-Contini
Roman. Aus dem Italienischen von Herbert Schlüter.
358 Seiten. Serie Piper 314

Der Geruch von Heu
Aus dem Italienischen von Herbert Schlüter.
174 Seiten. Serie Piper 693

Hinter der Tür
Roman. Aus dem Italienischen von Herbert Schlüter.
174 Seiten. Serie Piper 386

Der Reiher
Roman. Aus dem Italienischen von Herbert Schlüter.
240 Seiten. Serie Piper 630

Erinnerungen des Herzens
Mit Texten von Giulio Cattaneo, Paolo Ravenna und Eberhard Schmidt.
Herausgegeben von Eberhard Schmidt.
204 Seiten mit 13 Abbildungen. Serie Piper 938

Piper 48/4

PIPER

Federigo Tozzi

Federigo Tozzi, der die Konzeption existentialistischer Weltsicht vorwegnahm, ist neben Pirandello und Svevo der eigentliche Begründer der italienischen Moderne.

Erinnerungen eines Angestellten

Roman. Aus dem Italienischen von Klaus Bochmann und mit einem Nachwort von Johannes Hösle.
86 Seiten. Leinen

Eine Geliebte

Erzählungen. Aus dem Italienischen von Moshe Kahn und Ragni Maria Gschwend. Mit einem Nachwort von Johannes Hösle.
319 Seiten. Serie Piper 1191

Tozzis *Novellen* spielen wie die Romane vorwiegend in seiner Heimatstadt Siena, deren Umgebung und in Rom. Obwohl stilistisch und sprachlich sehr stark vom Idiom der Toskana geprägt, entbehren die Erzählungen jeder idyllischen Verklärung im Stile der Heimatliteratur.

Mit geschlossenen Augen

Roman. Aus dem Italienischen von Ragni Maria Gschwend.
212 Seiten. Geb.

Das Schließen der Augen, diese Blindheit gegenüber dem Leben, ist das offenkundige oder verborgene Leitmotiv der wichtigsten Werke Tozzis. In seinem Roman »Mit geschlossenen Augen« ist die offenkundige Unfähigkeit Pietros, der Wahrheit ins Gesicht zu sehen, die Ursache für das Scheitern der Liebe.

Giuseppe Tomasi di Lampedusa

Der Leopard

Roman. Aus dem Italienischen von Charlotte Birnbaum.
198 Seiten. Serie Piper 320
(Auch gebunden lieferbar)

»Der Leopard«, der vielen Kritikern als das bedeutendste epische Werk der italienischen Literatur seit Alessandro Manzonis »Verlobten« gilt, schildert den Niedergang eines sizilianischen Adelsgeschlechts zur Zeit Garibaldis. Held und Fixstern des Buches ist Don Fabrizio, Fürst Salina, dessen Dynastie den Leoparden im Wappen führt, ein Olympier von Statur und Geist, leidenschaftlich und von wissender Melancholie überschattet, skeptisch und zuversichtlich zugleich.
Dieser Abgesang auf eine Gesellschaftsschicht ist zugleich »einer der subtilsten und farbigsten Querschnitte durch Geist, Seele, Energien des modernen Menschen zwischen den Zeiten« (Gustav René Hocke). Mit schöpferischer Sprachgewalt wird aber auch ein Sizilien beschworen, das weit mehr ist als nur Handlungshintergrund: Die Insel erzeugt eigentlich erst das poetische Klima des Romans.

»Die Qualität dieses Buches ist so bedeutend, daß es auf keine zeitliche Bedingung angewiesen ist, um auf uns zu wirken. Freilich, die eigentliche Quelle des Entzückens, mit der es uns erfüllt, ist die unbegrenzte Freiheit und Anmut, mit der alles, jeder Gedanke und jede Stimmung, seinen sprachlichen Ausdruck findet.«
Friedrich Sieburg

Die Sirene

Erzählungen. Mit einem Nachwort von Giorgio Bassani.
Aus dem Italienischen von Charlotte Birnbaum.
190 Seiten. Serie Piper 422

»Jede Seite steht in lebendiger Beziehung zum ›Leoparden‹«, urteilte Giorgio Bassani in seinem Nachwort über die hier vorliegenden vier Erzählungen. Am deutlichsten knüpft »Aufstieg eines Pächters« an Tomasi di Lampedusas Roman an: auf kleiner gewordener Bühne agieren, fünfzig Jahre später, die Nachbarn des »großen Fürsten« Salina und die seines Verwalters.
Voll Ironie und Sinnlichkeit erzählt die Titelgeschichte von einem alten Mann, der als Jüngling die Liebe einer Sirene erfahren hat und deshalb keine andere Frau mehr lieben konnte. »Freude und moralisches Gesetz« führt in die Welt der kleinen Angestellten und der Großstadt, während der Autor in den »Stätten meiner frühen Kindheit« voll Elegie verlorene Kindheitsparadiese heraufbeschwört.